Ciro Daniel Souza da Silva

Os 7 Pecados

que as pessoas inteligentes cometem

Todos os direitos reservados. Literare Books International Ltda.
A reprodução ou transmissão de parte ou seu todo, por qualquer meio, somente com autorização prévia por escrito.

Presidente: Maurício Sita
Diretora de Projetos: Gleide Santos
Diretora de Operações: Alessandra Ksenhuck
Diretora Executiva: Julyana Rosa
Relacionamento com o cliente: Claudia Pires
Revisão: Adriana Mellos
Capa e diagramação: Renan Silva
Arte-finalização: Pedro Toscano
Impressão: Epecê
Editora: Literare Books International Ltda
2ª Edição
Tiragem: 2 mil exemplares

Dados Internacionais de Catalogação na Publicação (CIP)
(eDOC BRASIL, Belo Horizonte/MG)

S586s Silva, Ciro Daniel Souza da.
Os 7 pecados que as pessoas inteligentes cometem: comportamentos que atrapalham o relacionamento interpessoal / Ciro Daniel Souza da Silva. – 2. ed. – São Paulo (SP): Literare Books International, 2018.
120 p. : 14 x 21 cm

ISBN 978-85-9455-133-7

1. Assessoria pessoal. 2. Relacionamento interpessoal. 3.Técnicas de autoajuda. I. Título.
CDD 158.1

Elaborado por Maurício Amormino Júnior – CRB6/2422

Literare Books International Ltda
Rua Antônio Augusto Covello, 472 – Vila Mariana – São Paulo, SP
CEP 01550-060
Fone: (0**11) 2659-0968
site: www.literarebooks.com.br / e-mail: contato@literarebooks.com.br

Sumário

Agradecimentos	4
Prefácio	6
Introdução	8
Pecado número 1: supor	14
Pecado número 2: reclamar	26
Pecado número 3: fofocar	36
Pecado número 4: culpar	49
Pecado número 5: rotular	58
Pecado número 6: criticar	68
Pecado número 7: exigir	82
Resumo dos pecados e estratégias de mudança	93
Estratégias de coaching	95
Coaching individual	101
Coaching em equipe	103
Passado, futuro e presente	106
Conheça um pouco mais sobre o trabalho do autor	107
Bibliografia	113

Agradecimentos

Acredito que a construção de algo, quando coletiva, tende a ter mais qualidade e, sem dúvida, pode ser mais prazerosa. E este livro é fruto de uma construção coletiva, pois contou com o apoio e ajuda de muitas pessoas.

Agradeço aos meus clientes, que me inspiraram para escrever o livro, em especial a Pamella Karoline Oliveira, Eluzai Sobjak e Tâmara Castro, pois foram responsáveis pela contratação da palestra que deu origem ao livro. Também agradeço ao meu sócio e amigo José Carlos (Steiner) pela parceria nessa palestra e em tantas outras que já realizamos e que ainda iremos realizar com a dupla Executive Magic - o Executivo e o Mágico.

Também sou grato pelo apoio que recebi do meu filho, jornalista Renan Silva, que, com sabedoria e bom senso, soube criticar, revisar, editar e orientar meus passos durante a elaboração e execução deste projeto.

Para meus amigos Alexandre Michel, Elisângela Alves, Kriscia Medeiros, Magela Rodenbusch e Licérgio Souza, meu muito obrigado por dedicarem horas de seu tempo na leitura e correção do livro. Ao Pr. Luciano Ricardo, pela orientação nas citações bíblicas na abertura de cada capítulo.

Sou grato ao meu amigo, Joel Maciel, pela inspiração em escrever este livro e por prefaciar minha primeira obra. Também ao meu compadre e amigo, Bruno Seibert, por me impulsionar a alçar voos mais altos.

Aos meus pais, Eni e Elza Terezinha, e a meus irmãos, Eni Álvaro, Silvio, Silvia, Cláudia e Carina, por acreditarem primeiro em minha capacidade.

À minha esposa e companheira, Lenise da Silva Amorim, pela paciência e apoio durante todo o tempo, principalmente por cuidar tão bem de nossa princesa, Maria Luísa, nos momentos em que eu estava pesquisando e escrevendo.

Minha gratidão se estende a todos que tive o privilégio de liderar, pelo aprendizado que tive com vocês e, especialmente, aos meus professores, mentores, *coaches* e líderes: Carlos Duarte, Eneiva, Validio, Edemir, Homero, Kleuton e Érika (representando meus professores); Carlos Aurélio, Louvely, Ernani, Paulo Reis, Paulinho, Celso, Gilberto Daniel, Maristela, Bruno, Júlio César, Luciana, Cesar Augusto, Aldo, Leandro, André, Adair, Paulo, James, Gustavo, Denise, Sara e Vinicius (representando meus líderes); Rhandy, Fátima, Cristina, Geórgia, Suzy, Wang, Silvia, Minervino, David Green, Lemuel, Olinto, Monclair e Louis (representando meus coaches) e, claro, um agradecimento especial ao maior escritor de todos os tempos, que escreveu com perfeição a nossa existência. Obrigado, Deus!

*

Prefácio

De leitura fluída e agradável, *Os 7 pecados que as pessoas inteligentes cometem* nos aponta um conjunto de comportamentos que, cotidianamente, tendemos a manifestar sem refletir ou pensar sobre seu impacto nas relações interpessoais. O texto nos mostra o quanto pequenos detalhes podem fazer uma grande diferença quando nos atentamos para nossos comportamentos instintivos. Ao serem observados, estes detalhes que você perceberá durante a leitura, serão capazes de gerar empoderamento e qualificar o clima das relações que nos cercam.

Estas premissas, apontadas pelos *Sete pecados que pessoas inteligentes cometem*, têm fundamentação antropológica. Nosso processo evolutivo exigiu adaptações do cérebro à necessidade de sobrevivência, processo este que ainda encontra-se em curso. Como o lado consciente do cérebro absorve 40 *bits* de informação por segundo, o inconsciente ganhou tamanho e importância para suprir o limite de percepção dos sentidos e, atualmente, processa 11 milhões de *bits* de informações por segundo, para cada neurônio que está conscientemente trabalhando, temos outros 10 milhões em operação inconsciente. É uma diferença proporcional bastante considerável e nos leva a agir, reagir, interpretar e supor um vasto conjunto de possibilidades não racionalizadas. Em outras palavras, operamos mais no "piloto automático" do que na absoluta razão em nosso dia a dia.

Essa vigorosa vantagem que leva o cérebro a operar por sintetização e automatismo, tendo como base o pacote de captações do subconsciente construído ao longo da vida, foi valiosa por gerar economia de raciocínio. Imagine se, todas as vezes que fossemos conduzir um carro, tivéssemos que relembrar cada procedimento como se ainda estivéssemos em uma autoescola. Seguramente a humanidade teria pouco tempo para pensar em algo realmente novo e nossa evolução, talvez, ainda estivesse estacionada em patamares da idade média. Ocorre que o piloto automático que libera o consciente para outras demandas, também, costuma empacotar no seu automatismo reações e comportamentos que nem sempre são saudáveis ao nosso progresso. Daí a valiosidade do texto do professor Ciro Daniel, que nos faz pensar sobre situações comportamentais que nos afetam cotidianamente.

Além de agradável leitura, o leitor vai encontrar aqui uma abordagem contextualizada às questões do cotidiano, bem embasado técnica e cientificamente e que, ao mesmo tempo, serve como um manual de *coaching*, para que o leitor possa beneficiar-se de um conjunto de ferramentas que suscitam reflexões e estimulam iniciativas que levam a efetivação de mudanças. Um texto altamente recomendado para quem é líder e valioso, para todos aqueles que buscam ser timoneiros da sua própria jornada.

Joel Adriano Maciel
Presidente do Instituto Inovação

*

Introdução

A ideia para escrever este livro surgiu durante a preparação de uma palestra para uma grande empresa nacional, sediada em Brasília. Inicialmente, fiz uma visita ao cliente para identificar quais as necessidades, qual o propósito e que resultados esperavam da conferência. Identificamos alguns comportamentos recorrentes na empresa e que esperávamos que os funcionários tomassem consciência para ingressar num processo de mudança. Após a reunião, durante o processo de pesquisa para preparação de soluções aos problemas apresentados, cataloguei sete comportamentos, alguns relatados durante a reunião e outros que percebi serem recorrentes em outras empresas. E, naquele momento, lembrei quase instantaneamente do Jogo dos 7 erros.

Num outro dia, durante uma de minhas visitas às livrarias, que é *hobbie* para mim, encontrei, numa das prateleiras, um título que me chamou a atenção, com o nome de *As 10 bobagens mais comuns que pessoas inteligentes cometem*. Nesse livro, os autores descreveram os erros de interpretação e julgamento mais corriqueiros que cometemos e, ainda, como lidar com esses padrões de pensamentos negativos. E com o Jogo dos 7 erros em mente, mais o nome do livro, tive a ideia de denominar a conferência de *Os 7 erros que pessoas inteligentes cometem*.

Na semana seguinte, quando apresentei a proposta aos clientes, concordaram com o conteúdo e pediram apenas que trocasse a palavra "erro" por "pecados capitais". Após algumas ponderações, ficou, então, definido, que o nome da palestra seria *Os 7 pecados que as pessoas inteligentes cometem*.

Como em outra conferência eu havia elaborado um arquivo-texto, com o conteúdo para entregar aos participantes, resolvi fazer da mesma forma com essa palestra. Preparei um texto, descrevendo cada um dos pecados e as respectivas propostas de mudança daqueles comportamentos. Percebi, então, que seria possível ir um pouco mais longe e, com um pouco mais de trabalho e com o acréscimo de algumas linhas, eu teria um livro.

Bem, foi assim que surgiu esta obra, e posso dizer que não foram algumas linhas a mais, mas sim muitas e muitas linhas a mais. No início, pareceu mais fácil, mas, com o tempo, percebi que transformar algumas palavras num livro exigiria muito mais pesquisa e sentar e escrever, escrever, escrever e escrever. Não encontrei nenhuma receita ou fórmula mágica para transferir minhas ideias para o editor de texto. Foi um trabalho de formiguinha, palavra por palavra, linha por linha, página por página. Alguns momentos de inspiração durante o banho, outros momentos em algum treinamento que eu estava ministrando e, em várias ocasiões em que estava com minha filha, no colo, fazendo-a dormir.

Portanto, este livro nasceu de uma experiência prática, mas ganhou corpo e forma com pesquisas bibliográficas, conversas com professores, clientes e amigos.

O termo "pecado", utilizado neste trabalho, não tem cunho religioso, mas é utilizado de forma metafórica para representar comportamentos que são danosos e indesejáveis no relacionamento interpessoal e no relacionamento em grupos ou equipes. Da mesma forma, o rótulo "inteligentes" é em sentido figurado, pois como demonstrarei, mesmo os rótulos "positivos" também podem ter um impacto negativo.

A intenção foi deixar o título do livro provocativo, justamente para mostrar que o nosso grau de inteligência não é suficiente para determinar se iremos ou não cometer esses pecados, ou seja, se desenvolveremos os comportamentos descritos em cada um dos 7 pecados. Mesmo com um QI (Quociente de Inteligência) tido como avançado, podemos adquirir hábitos que atrapalham nosso relacionamento interpessoal. Os livros *As 10 bobagens mais comuns que as pessoas inteligentes cometem* e *Por que as pessoas espertas podem ser tão tolas?* apresentam um ponto em comum com *Os 7 pecados que pessoas inteligentes cometem*. No primeiro, os autores evidenciam que mesmo as pessoas mais inteligentes são passíveis de erros, ou seja, aquilo que eles descreveram como 10 bobagens[1] (catastrofismo, telepatia, mania de perseguição, acreditar em tudo que seu assessor de imprensa diz, levar as críticas muito a sério, perfeccionismo, mania de comparação, pensamento condicional, deve-ser-assim, o vício "sim, mas..."). No segundo, que é uma obra composta de diversos artigos, escritos por especialistas, uma questão que eles compartilham é que, mesmo as pessoas tidas como espertas (ou inteligentes, que foi o sentido que deram para a esperteza), pelo menos, vez por outra, fazem coisas estúpidas.[2]

Estruturei o livro com um capítulo para cada um dos sete pecados, com o propósito de ajudá-lo na leitura. Cada capítulo contém uma explicação sobre o pecado, com exemplos, histórias ou parábolas. Em seguida, descrevi algumas alternativas para a mudança de comportamento, de uma forma prática. São proposições simples, embora nem sempre fáceis de implementar, as quais poderão proporcionar uma modificação significativa em seus comportamentos. São estratégias que já foram testadas e que funcionam e podem funcionar para você. Ainda, inseri alguns pensamentos, de diversos autores, com o objetivo de gerar uma primeira reflexão.

Quanto aos 7 pecados apresentados neste livro, os três primeiros denotam o foco do comportamento no outro ou nas circunstâncias da vida: supor, reclamar e fofocar. Já nos outros quatro pecados, o alvo pode ser triplo, ou seja, em si, no outro ou nas circunstâncias da vida: culpar, rotular, criticar e exigir.

O pecado número 1 refere-se ao comportamento de fazer suposições sobre o que os outros estão pensando ou sentindo e ainda fazer inferências com base no que a pessoa fez ou disse. Já o pecado número 2 é o hábito crônico de reclamar de tudo e de todos, quase o tempo todo. O pecado número 3 consiste no ato de fazer fofocas, espalhando informações negativas sobre outras pessoas.

O pecado número 4 é o comportamento de colocar a culpa nos outros ou nas circunstâncias da vida, sem assumir a responsabilidade por nada ou, ainda, de se fazer de vítima dos outros ou das circunstâncias, colocando a responsabilidade em si. Rotular os outros, a vida ou a si mesmo é o quinto pecado, e é um comportamento de sentença de um julgamento, uma vez que o rótulo tende a definir a essência daquilo que rotula. Já o sexto pecado é o ato de criticar por criticar que, muitas vezes, se esconde atrás do que ficou convencionado como "crítica construtiva". É o comportamento de focar no negativo, sem a verdadeira intenção e disposição de ajudar o outro a ser melhor. Por último, o sétimo pecado, que compreende pensamentos, atitudes e comportamentos de exigências absolutas e inflexíveis sobre como as coisas devem ser, como os outros ou a própria pessoa deve se apresentar e o que deve saber, pensar e fazer.

Este livro também contém uma abordagem de *coaching*. Caso você ainda não tenha tido nenhum contato com esta expressão, o *coaching* é um processo acelerado para desenvolvimento de competências. *Coach* é a expressão utilizada para definir o profissional, e *coachee* é o termo para identificar quem passa pelo processo de *coaching*, ou seja, o cliente.

Após a exposição de cada um dos sete pecados, você encontrará uma área que denominei de *Autocoaching* e que é composta de uma série de perguntas para ajudá-lo(a) a aumentar sua consciência sobre o pecado em questão. No processo de *autocoaching*, você desempenha tanto o papel de *coachee* quanto o papel de *coach*.

Como bônus, para que você possa ajudar outras pessoas, individualmente ou em grupo, disponibilizei três ferramentas de *coaching*, uma para realização de uma reunião de *coaching* individual, com foco na mudança de comportamento da pessoa, outra para fazer *coaching* em equipe, com um grupo ou equipe, a fim de identificar quais pecados são mais danosos para o grupo ou equipe e, ainda ,traçar um plano de ação para uma mudança efetiva. Ainda, a terceira ferramenta pode ser aplicada tanto para o processo de *autocoaching* quanto para os processos de *coaching* individual ou *coaching* em equipe.

*

Os 7 pecados
que as pessoas inteligentes cometem

Pecado número 1: supor

A suposição é ato ou efeito de supor, chegar a alguma conclusão que não possui fundamento em fatos.

"Porque como imagina em sua alma, assim ele é." (Provérbios 23:7a)

Imagine-se, amigo(a), leitor(a), em um espetáculo de mágica. Sobre o palco, há três pedaços de madeira, sendo que um deles contém um prego com uma ponta afiada. Os três pedaços de madeira são cobertos com três copos plásticos, que não permitem ver onde se encontra o prego. Nesse momento, enquanto uma pessoa venda os olhos do mágico, um espectador muda a posição dos copos, de modo que o ilusionista não consiga mais saber em qual deles o prego se encontra. O mágico pede para uma pessoa segurar seu pulso direito enquanto passa a mão, com a palma para baixo, sobre os copos. Depois, ele pede para a pessoa guiar a sua mão em direção ao copo, com o prego apenas em pensamento, sem falar ou fazer qualquer sinal em seu pulso. Então, o mágico bate com a mão, amassando o primeiro copo, sem o prego. Ele repete o processo, só que, desta vez, sua mão fica posicionada sobre o copo em que está o objeto pontiagudo. Com a tensão no ar, ele impulsiona a mão para baixo, mas muda para o outro copo, no último instante.

Este é um dos números que eu e o mágico e ilusionista, Carlos Steiner, realizamos em nossas palestras. Steiner e eu firmamos parceria em 2011, quando criamos o *Executive Magic - o Executivo e o Mágico*, um modelo de treinamento que reúne conceitos de *coaching* com mágica, teatro e ilusionismo. Mas, a nossa amizade começou alguns anos antes. Conheci o seu trabalho e me tornei fã, além de cliente de um dos quiosques de venda de mágica que ele possui. Eu já fazia treinamentos e utilizava a mágica como recurso didático. No entanto, ao formar a dupla, inovamos o campo de palestras corporativas, com a participação de dois profissionais, tornando-o mais dinâmico e levando conhecimento na dose certa, de forma leve e divertida.

Um exemplo disso é um número de mentalismo que apresentamos constantemente. O mentalismo é uma categoria da Arte da Mágica, em que o mentalista realiza números de previsões com cartas, por exemplo, ou lê a mente das pessoas. Em um dos quadros apresentados, alguém da plateia escolhe livremente uma palavra, em um livro, e a anota em uma folha de papel - que é mostrada ao público, mas não ao mágico. Em seguida, Steiner faz algumas perguntas para o espectador. Ele se concentra para "acessar" a mente do indivíduo e, com isso, fazer a "leitura" de seus pensamentos. Então, o mentalista adivinha o vocábulo escolhido.

Há, ainda, outro número nesse modelo: um espectador recebe um envelope lacrado, que contém a previsão de uma carta. Em seguida, outra pessoa sobe ao palco e opta, livremente, por uma carta em meio a um baralho completo. Depois disso, a previsão que esteve no envelope lacrado é revelada e coincide exatamente com a carta escolhida pelo segundo espectador.

Contei tudo isso para poder reforçar algo muito importante: as previsões e leituras de mente realizadas por mim e pelo meu sócio - ou por qualquer outro mágico ou ilusionista - são truques. Não há como, realmente, ler a mente de uma pessoa de uma forma mística. Sobre a leitura do pensamento, a psicóloga Sarah Edelman escreveu: "Trata-se de tirar conclusões precipitadas sobre o que as pessoas estão pensando e que, embora às vezes façamos avaliações acertadas, na maioria das vezes, erramos em cheio."[3]

Concordo plenamente com ela. Podemos interpretar a comunicação silenciosa, por meio de microexpressões faciais, de gestos ou pela entonação da voz. Mas, com isso, chegaremos, quando muito, a como a pessoa se sente e não ao que ela pensa. Inclusive, como afirmou Paul Ekman, "os sinais emocionais não revelam sua fonte"[4]. Portanto, ler o que a pessoa está sentindo não significa que conseguiremos ler o que ela está pensando.

A suposição abordada neste capítulo será descrita como sinônimo de presumir e inferir - processos que levam a uma conclusão precipitada, sem base ou análise de dados suficientes. Ela "se manifesta para preencher uma lacuna de incerteza"[5] e se baseia numa perspectiva limitada, pois, como bem escreveu Deepak Chopra, "em qualquer situação, nunca temos informações suficientes"[6].

Assim, supor, inferir ou presumir são causas de mal-entendidos. Supomos que a pessoa sabe o que tem que fazer, como deve fazer, quando deve fazer. A suposição pode ser em relação ao conhecimento, isto é, o saber, ou ao entendimento. Quanto ao conhecimento, supomos que a pessoa tem todas as informações de que precisa; quanto ao entendimento, supomos que entendeu o que foi dito sem checarmos.

Em 2011, durante um treinamento de liderança para uma grande empresa do ramo de empreendimentos imobiliários, em Brasília, um dos gestores dos corretores de imóveis relatou um caso em que uma suposição trouxe um grande prejuízo para ele e para a empresa. Um funcionário vendeu um determinado imóvel, e o gestor informou, por *e-mail*, aos demais corretores, que aquele imóvel já havia sido vendido. Porém, outro funcionário, que não tinha o hábito de ler as mensagens eletrônicas, não recebeu a informação. Como resultado, o imóvel foi vendido para duas pessoas diferentes. A suposição do gestor de que todos teriam conhecimento, por meio do *e-mail*, de que o imóvel fora vendido, gerou um prejuízo, e o segundo comprador desistiu de fechar qualquer outro negócio com a empresa.

No caso recém-relatado, tanto a suposição do gestor quanto a do segundo corretor contribuíram para o problema: de um lado, acreditou-se que o *e-mail* é um veículo capaz de transmitir uma informação importante, com segurança e confiança, imaginando-se que todos acessariam a mensagem; de outro, o corretor não se certificou de que o imóvel ainda estava livre para venda. Lembro-me que o gestor relatou que a culpa não era sua, afinal, o corretor "deveria" ter acessado o seu *e-mail*.

Expressões como "deveria" e "tinha que" são evidências claras de suposições - "ela deveria saber que o prazo para entrega do projeto era hoje"; "ele tinha que saber que era a vez dele de buscar as crianças na escola". Esses termos representam uma obrigação, como se a outra pessoa realmente tivesse que saber sobre aquilo que estamos supondo.

Nesse sentido, os autores, Dr. Arthur Freeman e Rose DeWolf, relacionaram alguns equívocos que podemos cometer ao fazer suposições:[7]

- Suposição acerca do que alguém está pensando com base no que pensaria naquela situação;
- Suposição com base num comportamento passado;
- Suposição com base no que imagina que vá acontecer - e coloca o carro à frente dos bois;
- Tirar conclusão com base na resposta que deseja;
- Chegar a uma conclusão com base em dados insuficientes;
- A conclusão não leva em conta a existência de diferenças culturais ou de personalidade;
- Interpretar mal dicas verbais.

Em outras situações, confundimos inferência ou suposição com observação:[8]

- Observar é olhar atentamente. Inferir é deduzir algo pelo raciocínio;
- As observações somente podem ser feitas depois que você olhou atentamente. As inferências podem ser feitas a qualquer momento;

- As observações devem ficar dentro dos limites do que foi observado e não passar dali. As inferências não têm limites ou, se têm, são os limites de nossa imaginação;
- As observações só podem ser feitas pelo observador. As inferências podem ser feitas por qualquer pessoa.

Também confundimos os fatos com a interpretação que se tem deles. Presumimos que a nossa visão representa a verdade, quando, na realidade, é apenas uma interpretação - uma lente por meio da qual optamos por ver o mundo. Os fatos, em uma determinada situação, podem até ser incontestáveis, porém, o significado que atribuímos a eles é, em geral, bem mais subjetivo.[9]

Para ilustrar essa confusão entre os fatos e as interpretações, o *coach* e professor, Homero Reis, apresentou um ótimo exemplo durante uma aula de introdução ao *coaching*, no programa de Pós-Graduação em Gestão de Pessoas e *Coaching*. Os alunos foram questionados sobre quem foi Jesus Cristo. As respostas foram: "Deus", "Profeta", "Messias", "Homem". Dessas respostas, qual é fato? Apenas a de que ele foi um homem. As demais são interpretações que têm como base a fé de cada respondente. Claro que, naquele momento, teve muita polêmica, mas, ao final, os estudantes entenderam a diferença entre fatos e interpretações.

★★★

Supor intenções

Um grande equívoco que cometemos é supor as intenções dos outros, pois, normalmente, estamos errados. Primeiro, porque tanto as nossas quanto as intenções dos outros estão apenas na mente e no coração das pessoas. Segundo, porque ao deduzirmos as intenções, o fazemos com base no impacto das ações dos outros sobre nós, e tendemos a supor o pior.[10]

Quando acreditamos que sabemos a intenção de outra pessoa, tudo o que vemos é o comportamento. Como afirmaram os *coaches* Andrea Lages e Joseph O'Connor, "o comportamento é visível, mas a intenção é invisível."[11]

***

Escada da inferência

O termo "Escada da inferência" foi cunhado por Chris Argyris, conforme escreveu Peter Senge em seu livro *A Quinta disciplina: caderno de campo*[12], e refere-se ao processo mental de suposições ou inferências. Ou seja, subimos os degraus da escada de forma inconsciente e chegamos a conclusões incompletas ou até mesmo equivocadas. Esse processo, de forma resumida, funciona da seguinte forma:

1 - Entre os dados e experiências observáveis, selecionamos aqueles que observamos a partir de nossa perspectiva;

2 - Com base nesses dados, realizamos a sua interpretação, levando em consideração nossas crenças e nossa história de vida. Ou seja, atribuímos sentido aos dados;

3 - No momento em que estamos atribuindo sentido, fazemos suposições, principalmente porque não estamos analisando todos os dados disponíveis, mas apenas os que selecionamos;

4 - Diante dessas suposições, chegamos ao topo da escada e tiramos conclusões.

Para ilustrar como subimos rapidamente a escada da inferência, observe o seguinte comportamento:

Uma moça aguardava seu voo na área de embarque de um aeroporto. Como iria permanecer ali por algumas horas, comprou alguns livros, para aproveitar o tempo, e um pacote de biscoitos, para ir saboreando. Procurou uma poltrona em um canto, onde pudesse ler e comer discretamente. Ao seu lado, sentou-se um homem.

Quando ela rasgou a embalagem e pegou o primeiro biscoito, o homem também pegou um. Ela sentiu-se indignada, mas se conteve. Não pôde, porém, deixar de pensar: "Mas que 'cara de pau'. Se eu também fosse homem, exigiria um pedido de desculpas".

A cada biscoito que comia, o homem, meticulosamente, também comia um. Aquilo a deixava muito contrariada. No entanto, tinha medo de reagir. Até pensou que estivesse sendo vítima de uma pegadinha de algum programa de televisão. Mas, certamente, o aeroporto não permitiria esse tipo de constrangimento aos viajantes.

Finalmente, quando restava apenas um biscoito, pensou: "O que será que o atrevido vai fazer agora?". Então, o homem partiu o biscoito ao meio e deixou a metade para ela. Essa atitude a deixou bufando de raiva, mas, temendo que o homem fosse doido, controlou-se. Pegou seus livros e suas coisas e dirigiu-se ao embarque. Quando se instalou confortavelmente no avião, para sua surpresa, descobriu que seu pacote de biscoitos estava na bolsa, intacto. Concluiu que ela é que foi a abusada com o homem e que ele tivera muita elegância e bondade com ela.

Você percebeu que, logo que o homem pegou o biscoito, ela o rotulou como "cara de pau"? Foi um pensamento quase instantâneo, ou seja, ela não percebeu que estava subindo os degraus da escada da inferência. Com base apenas em parte das informações disponíveis, a moça interpretou que o homem estava pegando biscoitos do pacote dela, e sua raiva aumentava a cada novo biscoito que ele comia. No entanto, sua inferência estava totalmente equivocada.

***

Questione suas suposições

Uma forma de lidar com as suposições é questioná-las, porém, você precisa primeiro tomar consciência de que está fazendo uma suposição em relação ao que os outros sabem, sentem, pensam e querem. A suposição é apenas uma hipótese e, como tal, carece de confirmação. O questionamento poderá ampliar nossa perspectiva sobre a situação e, com isso, poderemos evitar os mal-entendidos e suas respectivas consequências. Comece praticando com a seguinte questão: quais são as evidências que sustentam minha suposição?

***

Dissocie o impacto das intenções

Esta estratégia foi sugerida pelos autores Douglas Stone, Bruce Patton e Sheila Heen no livro *Conversas difíceis*. Eles descrevem uma estrutura com três perguntas[13]:

1 - Ações: "O que a outra pessoa realmente disse ou fez?"
2 - Impacto: "Qual foi o impacto disso sobre mim?"
3 - Dedução: "Com base nesse impacto, o que estou deduzindo sobre a intenção da outra pessoa?"

Fazer esta dissociação é importante, pois tendemos a deduzir a intenção da outra pessoa, com base no impacto que sua ação teve sobre nós. Se ela nos deixou magoados, concluímos que sua intenção foi nos magoar.

*

Para refletir

"Ao invés de presumirmos que já sabemos tudo o que precisamos saber, deveríamos supor que há informações importantes às quais não temos acesso."
(Douglas Stone)

"Todas as falhas de comunicação são resultado de diferentes suposições."
(Jerry Ballard)

"Talvez não sejam as circunstâncias que tenham que mudar, mas sim a sua perspectiva dessas circunstâncias."
(Paul McGee)

Autocoaching

1 - Em qual situação recente eu subi, de forma inconsciente, a escada da inferência?
_____
_____
_____

2 - Quais são todos os fatos?
_____
_____
_____

3 - Para qual parte eu estou olhando?
_____
_____
_____

4 - O que estou presumindo? Quais outras maneiras de ver a situação? Qual a evidência para essa suposição?
_____
_____
_____

5 - A qual conclusão cheguei? Seria possível que... e se...
_____
_____
_____

Pecado número 2: reclamar

"Reclamar é falar de coisas que você não quer, em vez de falar daquilo que você quer." (Will Bowen)

"Fazei tudo sem murmurações nem contendas." (Filipenses 2:14)

Coloque-se, por um momento, na seguinte situação: você está no auge dos seus 21 anos, recém-casado, com uma vida inteira pela frente. Em um determinado dia, após fazer alguns exames, recebe uma notícia que poderia mudar completamente a sua percepção da vida e do valor que ela possui: você foi diagnosticado como portador de uma doença rara. Como você se sentiria? Essa doença poderia levá-lo à morte em dois ou três anos. O que você faria? Se não viesse a óbito, provavelmente ficaria com uma paralisia irreversível. Como reagiria? Para quem e sobre o que reclamaria?

Essa é uma história real e, possivelmente, você a conhece. Aconteceu com o físico britânico, Stephen Hawking, um dos mais consagrados cientistas da atualidade. Aos 21 anos, foi diagnosticado como portador de esclerose lateral amiotrófica, doença que causa degeneração progressiva do sistema nervoso e costuma levar à morte em dois ou três anos.

Se existe alguém que poderia queixar-se de sua doença ou de sua vida seria Hawking. No entanto, durante uma entrevista, ele disse: "Queixar-se é inútil e uma perda de tempo"[14]. Sua afirmação não poderia ser mais verdadeira. As reclamações podem trazer uma sensação momentânea de alívio, pois tomam posse de nossa mente, impedindo que pensemos sobre nossa contribuição para um problema ou mesmo sobre o que precisamos fazer para enfrentá-lo e resolvê-lo. O ato de reclamar por reclamar funciona como uma alavanca ou botão de ejetar que expulsa de nosso cérebro a responsabilidade e o foco em soluções.

Portanto, a palavra "reclamação" é utilizada, neste capítulo, como sinônimo de lamentar, lamuriar, resmungar e queixar-se. A reclamação foca no problema em vez de focar na solução e, normalmente, ela é dirigida a alguém que não pode solucioná--lo ou mesmo amenizar a situação. É importante deixar claro, porém, que não abordarei aquele tipo de reclamação que fazemos a um órgão competente, como as encaminhadas ao Procon, reclamações trabalhistas e aquelas feitas aos departamentos específicos de empresas públicas ou privadas.

A reclamação abordada neste livro refere-se a um mau hábito, simplesmente. Lembra-se da hiena *Hardy*, que fazia dupla com o leão *Lippy* em um desenho animado produzido por William Hanna e Joseph Barbera? Sua lamúria típica de "Oh, vida, Oh, azar" é o exemplo perfeito desse tipo de situação. A hiena tinha o hábito de reclamar de tudo e de todos continuamente. Agora, reflita: em algum momento você já fez o papel da hiena *Hardy*, reclamando mesmo sem necessidade?

Como explica Hal Urban no livro *Palavras positivas, mudanças significativas*, "a maioria das pessoas não faz ideia do quanto se queixa"[15]. Mas, qual o motivo de tantas reclamações? O que há por trás de uma queixa? Acredito que podemos elencar algumas razões.

A primeira delas pode ser a nossa falta de capacidade de expressarmos para a pessoa com quem estamos chateados, de forma eficaz, o que está nos incomodando. Nessas situações, guardamos nossos sentimentos, que vão se acumulando com o passar do tempo. Quando encontramos uma oportunidade, seja com um amigo, colega, cônjuge ou qualquer outra pessoa disposta a nos escutar, "desabafamos" incansavelmente. Outro motivo é o uso da reclamação como desculpa para justificar um comportamento inadequado - e que não estamos dispostos a mudar.

A terceira razão tem um aspecto menos voltado ao ato de reclamar em si - seu foco é a interação com outras pessoas. Isto porque, como explicou o professor Kleuton Izidio, durante uma disciplina de Comportamento Organizacional na Pós-Graduação de Gestão de Pessoas e Coaching, queixar-se é uma ótima cola social. Quando um grupo de amigos ou colegas se encontra, seja para um cafezinho ou para um *happy hour*, reclamar de algo ou de alguém é uma forma eficiente de quebrar o gelo e gerar assuntos em comum.

Você tem uma chance para adivinhar quem aparece mais frequentemente nessas conversas como objeto das reclamações. Acertou quem disse "o chefe". Segundo o *coach* Marshall Goldsmith, uma pesquisa elaborada por uma empresa chamada DDI demonstrou que os americanos gastam 15 horas por mês criticando ou reclamando do seu superior. Goldsmith não acreditou no resultado desse levantamento e resolveu fazer o seu próprio. Para sua surpresa, o estudo confirmou os resultados apresentados pela DDI.[16] Isso significa que, todos os anos, cada trabalhador gasta mais de sete dias apenas se queixando do seu chefe. Agora, reflita comigo: o que poderia ser feito de produtivo com esse tempo?

No livro *Pare de se sabotar no trabalho*, o autor, Mark Goulston, define esse aglomerado de reclamações como "uma avalanche verbal que soterra os outros". E ele completa: "É aterrorizante ficar soterrado sob os problemas e palavras dos outros"[17]. O grande problema disso está no fato de que a constante reclamação alimenta a insatisfação - e, em algum momento, ela poderá explodir.

Porém, cabe aqui um questionamento interessante: toda a reclamação é negativa? Não podemos mais reclamar ou desabafar, mesmo quando um direito nosso está sendo violado? Acredito que "a maior parte das reclamações que fazemos é apenas 'poluição sonora', prejudicial à nossa felicidade e bem-estar"[18]. Mas, também entendo que existe diferença entre uma reclamação negativa e uma produtiva. As reclamações negativas são dirigidas para a pessoa errada, que não pode resolver nosso problema. Muitas vezes, são utilizadas apenas para receber atenção e passar-se por vítima. Costumam focar em coisas pequenas e irrelevantes ou, ainda, situações que estão totalmente fora de nosso controle. Não merecem, portanto, o tempo gasto com a conversa.

Já uma reclamação produtiva tem o propósito claro de buscar soluções para o problema e é dirigida para quem pode resolvê-lo - ou, pelo menos, para quem pode ajudar a encontrar alternativas. Existe, também, o desabafo, que é dirigido a alguém em quem confiamos, com o propósito de colocar para fora aquilo que está nos incomodando e a esperança de que essa pessoa possa aconselhar sobre como lidar com a situação.

★★★

Transforme suas reclamações em solicitações

Quando fiz minha primeira formação em *coaching*, lembro-me claramente da afirmação feita pelo *coach* e *trainer* americano Rhandy Di Stéfano, responsável pelo treinamento: "Reclamar do que você não quer não vai trazer o que você quer". Naquele momento, incorporei um princípio na minha vida e passei a compartilhá-lo com outras pessoas: transforme suas reclamações em solicitações. O pastor, Will Bowen, disse algo semelhante: "É mais fácil conseguir o que você deseja expressando a sua vontade, em vez de reclamar da maneira como as coisas são"[19].

Portanto, transformar suas reclamações em pedidos é um grande instrumento para evitar a comunicação negativa. No fundo, queixas e solicitações são lados opostos da mesma moeda, quando você trata de virá-la, pode visualizar os pedidos, aguardando para serem transformados em algo positivo. Quando você conseguir girar a moeda e trocar o lado da lamentação, pela face da solicitação, poderá seguir adiante de uma forma muito mais edificante. Pratique e perceba como é fácil fazer com que algo aparentemente negativo se torne positivo.

Lembre-se: você tem o direito de conseguir o que deseja. Mas, para isso, não fale, nem se concentre no problema. Em vez disso, olhe além dele e visualize a solução. Fale sobre o que deseja e sobre o que irá ajudá-lo a conseguir o que quer.

Para que fique claro, a proposta é transformar as reclamações em solicitações. Focando na solução, você irá buscar ajuda diretamente da pessoa que pode resolver o problema - ou, pelo menos, com alguém que possa auxiliá-lo para melhorar a situação. As palavras de Eckhart Tolle auxiliam a reforçar essa diferença:

"Não confunda a queixa com a atitude de informar alguém de uma falha ou de uma deficiência, para que ela possa ser sanada. Além disso, abster-se de reclamar não corresponde, necessariamente, a tolerar algo de má qualidade, nem um mau comportamento. Não há interferência do ego quando dizemos ao garçom que a comida está fria e precisa ser aquecida - desde que nos atenhamos aos fatos, que são sempre neutros."[20]

Exemplos:

A - "Que vento frio está entrando por aquela janela!" [pai fala para a filha]

B - "Está entrando um vento frio por aquela janela, você pode fechá-la?" [pai solicita para a filha fechar a janela]

Na situação A, o pai apenas faz um comentário de que está frio, por conta da janela aberta. Já na situação B, ele transformou sua reclamação em solicitação.

A - "O José fala o tempo todo ao telefone e atrapalha a minha concentração." [Maria reclama do comportamento do José ao João]
B - "José, eu perco a concentração quando você fala ao telefone. Você pode evitar falar ao telefone aqui perto de nossas mesas?" [Maria solicita a José]

Na situação A, Maria está incomodada com o fato de José falar ao telefone próximo de sua mesa e reclama a João. Na situação B, ela conversa com José, explica a situação e faz uma solicitação.

★★★

Desafio "24 horas sem reclamar"

Em 1972, o professor Hal Urban lançou um desafio inédito aos seus alunos: eles teriam que ficar 24 horas sem reclamar de nada. E o que os alunos fizeram quando ele passou a tarefa? Reclamaram, dizendo que era muito difícil.[21] Segundo o professor, levou mais de 20 anos para a primeira pessoa conseguir passar um dia inteiro sem reclamar. Baseado nessa estratégia, também lancei o desafio em minhas redes sociais. Meus amigos e conhecidos foram desafiados a ficar 24 horas sem fazer nenhuma queixa, nem mesmo em pensamento. Segue alguns comentários:

"É um desafio bem difícil. Preciso refletir se realmente vou cumprir."

"Só depois das eleições."

"Vou tentar."

"Deveria ser algo fácil, mas é muito mais difícil do que parece."

"Só concordo se eu não dirigir, porque, no trânsito, é missão impossível."

Uma das pessoas que aceitaram a tarefa postou o seguinte comentário ao explicar como foi sua experiência: "Foi difícil.

Muitas vezes, reclamamos sem perceber, por impulso e, até mesmo, em colocações rotineiras ou reafirmando reclamações de outras pessoas. Mas, é realmente muito interessante treinar o autocontrole. Certamente, continuarei tentando".

*

Para refletir

"É mais fácil conseguir o que você deseja expressando a sua vontade em vez de reclamar da maneira como as coisas são."
(Will Bowen)

"O homem inventou a linguagem para satisfazer sua necessidade profunda de reclamar."
(Lily Tomlin)

"Ao se transformar numa pessoa que não reclama, você atrai mais daquilo que deseja, com menos esforço."
(Will Bowen)

"A reclamação é uma forma de manipulação."
(Gary Zukav)

Autocoaching

1 - Nas últimas duas horas, quantas reclamações eu fiz, ainda que mentalmente?

_____
_____
_____
_____
_____
_____

2 - Sobre o que eu tenho reclamado mais?

_____
_____
_____
_____
_____
_____

3 - Em quais situações, eu posso transformar minhas reclamações em solicitações? Que benefícios eu terei agindo assim?

_____
_____
_____
_____
_____
_____

Pecado número 3: fofocar

"Fofoca é a troca de informação negativa entre duas ou mais pessoas sobre alguém que não está presente." (Sam Chapman)

"O mexeriqueiro revela o segredo; portanto, não te metas com quem fala demais." (Provérbios 20:19)

Pecado número 3: fofocar

Em uma empresa, uma mulher espalhou uma informação nociva à honra de uma colega de trabalho. Depois, descobriu que a notícia era falsa. Arrependida, querendo corrigir o mal que causara e tentar ser solidária com a colega prejudicada, procurou um sábio para lhe ensinar a minimizar o erro.

Ele recomendou que fosse à farmácia e comprasse um pacote de flocos de algodão. Depois, disse para que os espalhasse no percurso de sua ida ao trabalho. Ela assim o fez. Para saber qual seria o próximo passo, visitou novamente seu orientador.

— Amanhã, saia mais cedo de casa e, no caminho para o trabalho, procure os flocos de algodão para reconstituir o pacote - sugeriu ele.

A mulher tentou, mas só encontrou cinco flocos de algodão. Frustrada, foi falar com seu orientador, que concluiu o ensinamento:

— Os flocos de algodão se distanciaram e se perderam pela ação do vento e nunca mais serão reunidos. Da mesma forma, uma fofoca passa de boca em boca, percorre um longo caminho e se extravia. Mesmo que vá atrás daqueles que sabe que tiveram acesso à informação falsa, sempre haverá outros que não conseguirá alcançar. Portanto, sua culpa persistirá. Ainda que a informação fosse verdadeira, o espírito de solidariedade e a caridade nos impedem de expor os erros ou as fraquezas dos outros.[22]

O livro de Provérbios traz vários versículos que abordam a fofoca, utilizando expressões como "mexerico" ou "falar mal dos outros". O terceiro pecado cometido pelas pessoas inteligentes é justamente trocar informações negativas entre duas ou mais pessoas, sobre alguém que não está presente. Mesmo que fiquemos passivos, ou seja, que estejamos apenas escutando, ainda assim estamos contribuindo para a propagação da fofoca.

A fofoca está tão arraigada em nossa cultura, que existem veículos especializados em propagá-la - programas de televisão, revistas, novelas, colunas em jornais, *blogs*, aumentando sua audiência, acessos ou assinaturas à custa da vida alheia. Na década de 1980, por exemplo, a personagem Dona Fifi, da novela *Hipertensão*, tornou-se símbolo da prática. Interpretada pela atriz Fafy Siqueira, a personagem utilizava a janela de sua casa para descobrir o que estava acontecendo na vizinhança e depois compartilhar com as amigas. A característica foi tão marcante que seu nome é utilizado, ainda hoje, para rotular uma pessoa fofoqueira.

Mais de 25 anos após a veiculação da novela, as janelas continuam sendo utilizadas para compartilhar informações da vida alheia, mas, agora, de maneira digital. Aplicativos e redes sociais, como *WhatsApp*, *Facebook* e *Instagram*, são, ao mesmo tempo, ferramentas de comunicação e compartilhamento de informações úteis, mas também mecanismos utilizados para disseminação da fofoca.

Porém, nem é preciso ir ao mundo digital para espalhar informações negativas. Atente, por exemplo, ao seu ambiente de trabalho. É bastante provável que eu e você já tenhamos sido alvos de algum comentário nada bondoso sobre nossa forma de ser e agir. O autor Sam Chapman citou, em seu livro *Empresa Livre de Fofoca*[23], um estudo realizado pela *Randstad Corporation*, no qual os empregados descreveram a fofoca no ambiente de trabalho como o principal motivo de aborrecimentos. Portanto, como afirmou Hal Urban, "o fato de fazermos fofoca é menos importante do que reconhecermos que ela cria situações negativas, ou seja, aquelas em que todos saem perdendo"[24].

O Núcleo Brasileiro de Estágios (Nube)[25] realizou um estudo com 6.945 pessoas. Seu objetivo era identificar qual comportamento é rotulado pelos colegas como de "pior profissional". Os três que se destacaram foram: fofocar, enrolar e a atitude ranzinza. A "fofoca" ficou em primeiro lugar, com 27,43%, seguida por "enrolar", com 27,30%, e pelo comportamento "ranzinza", com 22,75%. No entanto, mesmo sendo apontado como pior comportamento, ele ainda é muito frequente no ambiente profissional.

Em outro estudo, realizado pelo professor Anders Vidner, na Universidade de Estocolmo, foi destacada a dinâmica das fofocas nas empresas. Vidner mostrou que, nas grandes organizações, uma pessoa pode ter um diálogo significativo com, aproximadamente, outras 15 pessoas durante um dia normal de trabalho. Portanto, a proporção que a fofoca pode se espalhar é de 15 x 15 x 15. Se o indivíduo fofocar para 15 colegas, e cada um deles fofocar para outros 15, teremos 225 colaboradores envolvidos. E se cada um dos 225 falarem para mais 15, a quantidade de envolvidos diretamente na fofoca chega a 3.375[26] - um número absurdo, mas, ainda assim, possível. Embora o estudo tenha sido baseado em grandes organizações, é possível traçar esse cenário em uma empresa de menor porte. Pela facilidade de contato que existe entre quase todos os membros, a proporção pode ser ainda maior, atingindo toda a organização.

Há um outro dado, porém, ainda mais interessante. Diz o senso comum que a mulher fofoca mais do que os homens. Nas palestras que realizo, costumo fazer este questionamento: quem é mais fofoqueiro, o homem ou a mulher? O resultado costuma ser sempre o mesmo - um pequeno grupo diz ser o homem, enquanto a maioria dos espectadores vota na segunda opção.

Em um estudo feito em 2007, pelo *Social Issues Research Centre*,[27] um centro de pesquisas independente, de Londres, foram entrevistados mil donos de telefones celulares, entre homens e mulheres. Eles foram questionados sobre qual o tipo de conversa que costumam manter em seus aparelhos e em que ocasiões. O resultado a que chegaram foi este: os homens (33%) fofocam mais do que as mulheres (26%) e existe diferença entre o conteúdo da fofoca masculina e da feminina. De acordo com a pesquisa, os homens geralmente fofocam sobre o ambiente de trabalho, enquanto as mulheres preferem fofocar com as amigas e parentes, principalmente sobre os seus relacionamentos e sobre os relacionamentos alheios.

Mas, independentemente do sexo dos interlocutores, a fofoca tem triplo impacto: em quem fala, em quem escuta e em quem foi sua vítima. O impacto na vítima é o mais óbvio, no entanto, quem fala e quem escuta também são impactados, pois estão diretamente envolvidos no ato e são contaminados pela negatividade que é intrínseca à fofoca. Isso poderá afetar a forma de pensar, de sentir e de agir em relação a quem foi alvo da fofoca.

O fato é que, assim como na parábola do algodão, que abre este capítulo, o que é dito não volta mais. Não é mais possível restabelecer o *status quo ante*, expressão utilizada no mundo jurídico para se referir ao "estado anterior". Uma vez que a fofoca inicia seu curso de ação, ela trafega em uma velocidade incrível, com um grande poder de destruição e passível de interferências no processo de transmissão. As consequências e o seu alcance não podem ser medidos ou controlados, e o estrago pode ser irreparável. O preço desse comportamento nocivo pode ser um emprego, um casamento, uma amizade, um relacionamento - ou pior. Portanto, lembre-se dos flocos de algodão, que, uma vez jogados e impulsionados pelos ventos da cumplicidade de quem escuta e repassa, podem percorrer um continente; ao mesmo tempo, a retratação alcançará, quando muito, uma quadra.

Quando você escutar expressões como "você sabe da última...", "vou te contar uma coisa, mas você não pode contar para ninguém", "fiquei sabendo...", "me contaram que...", fique atento: elas são fortes indicativos de que alguém quer lhe fazer uma fofoca. O cuidado deve ser dobrado caso seu interlocutor tenha o hábito de fofocar como padrão de comportamento. Para lidar com situações desse tipo, apresentarei algumas estratégias. Antes de sentenciar que não funcionam, peço um voto de confiança. Experimente, ajuste à sua realidade e, depois, me mande um *e-mail* contando como foi.

***

Primeiro, é importante diferenciar a fofoca dos boatos ou rumores, pois é muito comum a confusão entre eles. No livro, *O poder dos boatos*, o autor Nicholas DiFonzo apresenta alguns elementos que podem ajudar a diferenciar um do outro[28]:

O rumor nem sempre é confirmado, mas a fofoca pode ser.

Rumores referem-se a preocupações maiores; as fofocas giram em torno de temas menores.

Rumores giram em torno do entendimento coletivo ou ameaças maiores; as fofocas orbitam a construção, mudança ou preservação das redes sociais.

O rumor é uma gota na sede por informações; a fofoca é um apetitoso petisco durante um coquetel.

Os rumores estão presentes em afirmações que não são comprovadas quando as pessoas tentam entender uma situação confusa; as fofocas estão presentes em afirmações que têm um teor maldoso sobre alguém e são espalhadas com mórbido prazer.

Embora em alguns exemplos apresentados, pelo autor, ainda fique nebulosa a diferenciação entre as fofocas e os rumores, é possível construir um entendimento baseado na intenção de quem produz o rumor ou a fofoca. Ao espalhar um rumor, a intenção da pessoa pode estar em entender uma determinada situação, que está nebulosa ou confusa. Ao propagar uma fofoca, a intenção da pessoa pode estar em ampliar seu *status* no círculo social em que ela está inserida e, ao mesmo tempo, diminuir o *status* da pessoa de quem ela está falando.

***

Estratégias para lidar com a fofoca

Entre os meses de junho e novembro de 2014, conduzi um treinamento de desenvolvimento de líderes de uma grande instituição em Brasília. Em um dado momento, surgiu a discussão sobre a fofoca no ambiente de trabalho, e uma das participantes relatou como passou a lidar com isso. Segundo ela, o comportamento-padrão era fofocar com as amigas - embora não fizesse os comentários, ela participava escutando. No entanto, ela percebeu que, se falavam de outras pessoas que não estavam presentes, ela, provavelmente, também já havia sido objeto de comentários nada positivos. A sua primeira atitude passou a ser mudar de assunto logo que surgia alguma fofoca. Mas ela percebeu que uma das integrantes do grupo de fofocas resistia à mudança. Com essa pessoa, ela decidiu tomar uma atitude mais drástica e afastou-se dela.

No artigo, *A fofoca do bem*[29], publicado no site do Instituto Methodus, é possível encontrar algumas dicas parecidas com a estratégia utilizada pela participante do treinamento - três delas estão enumeradas ao lado:

1ª **dica:** mude de assunto – se alguém iniciar uma fofoca, direcione a conversa para outro tema.

2ª **dica:** mate a conversa com uma distração – quando a fofoca começar, ofereça um café para a pessoa, mostre a ela seu novo celular. Enfim, desvie a atenção para outra coisa.

3ª **dica:** fique "na moita" – deixe a pessoa falar até acabar e não faça nenhum comentário sobre o que ouviu.

***

Aplique os três filtros de Sócrates

Outra alternativa é aplicar o que ficou conhecido como os *três filtros de Sócrates* (filósofo da Grécia antiga, famoso por sua habilidade de fazer os outros pensarem a partir de suas perguntas poderosas). O primeiro filtro é a **Verdade**, ou seja, quando uma pessoa for falar algo de alguém que não está presente, podemos questionar: "Você está absolutamente seguro de que o que vai me contar é verdade?". Caso a pessoa responda que sim, vamos, então, ao segundo filtro, o da **Utilidade:** "O que você vai me contar é algo útil?". Se o argumento da pessoa não passar nos dois primeiros filtros, podemos optar por não ouvir o restante, pois sua informação não é verídica ou útil. No entanto, se passar pelos filtros anteriores, aplicaremos o terceiro, que é a **Bondade:** "O que vai me contar sobre a pessoa é algo bom?". Se for uma fofoca, ela não passará por esse filtro, afinal, a fofoca é sempre algo negativo em relação a alguém que não está presente.

***

São essas atitudes que você verá em prática na parábola abaixo:
"Diariamente, Sebastião chegava ao chefe com informações sobre os colegas:
— Chefe, você nem acredita no que estão falando do João. Estão dizendo que ele...
Dessa vez, o chefe, em decorrência de uma leitura que fizera no dia anterior, não permitiu que Sebastião prosseguisse. Interrompeu-o, perguntando:
— Calma, Sebastião. Antes de você me contar algo a respeito de nosso colega, verifiquemos se essa informação já passou pelas três peneiras.
— Peneiras? Que peneiras?
— A primeira, meu amigo, é a da verdade. Você confirmou, tem certeza de que a notícia que quer me dar é verdadeira?
— Não. Não tenho como verificar. Digo apenas o que me contaram. Mas penso que...
— Neste caso, sua informação já não passa pela peneira da verdade. Vejamos, agora, se passa pela da utilidade. Você acha mesmo útil contar-me algo sobre nosso colega?
— Bem, pensando melhor, não é tão importante. Acho que podemos dispensar o assunto.
— Analisemos, finalmente, se essa notícia passa pela peneira da bondade. O que deseja me dizer é algo bom para o nosso colega? Você gostaria que dissessem de você o que quer falar para mim sobre ele?
— Não, chefe, Deus me livre! Na verdade, considerando as três peneiras, não sobrou nada para eu contar. Com licença, vou voltar ao trabalho.
— Aprendi ontem, Sebastião, em uma leitura, que pessoas inteligentes falam de ideias; pessoas comuns conversam sobre coisas; e pessoas de pouca responsabilidade comentam sobre os outros."[30]

***

Na parábola, a expressão utilizada é peneira, em vez de filtro, mas tem a mesma finalidade: peneirar ou filtrar o que nos será contado para checar se é uma fofoca ou não. Em algumas situações, a fofoca não passará no primeiro filtro, pois não será possível confirmar a veracidade da informação. Porém, mesmo sendo verdade, pode ser algo totalmente inútil para quem escutará ou algo negativo sobre uma pessoa que não está presente para se defender. Então, a menos que seu comentário seja elogioso, evite compartilhá-lo; e se alguém procurá-lo para contar algo, como na história acima, aplique os três filtros. Mesmo sendo verdade e útil, se for negativo, é fofoca.

***

Pratique a Fofoca do Bem

No livro *Palavras positivas, mudanças significativas*, do já citado autor Hal Urban, encontrei uma última alternativa: criar a cultura do que ele denominou de *Fofoca do bem*. O propósito é disseminar uma informação sobre alguém, mas, em vez de ressaltar os pontos negativos, devem ser feitos comentários positivos sobre as outras pessoas, sempre que surgir uma oportunidade.[31] Para aplicar a Fofoca do bem, basta procurar formas de elogiar aspectos positivos sobre o que seus colegas e amigos estão fazendo. Não se trata de bajulação ou falsos elogios; a intenção é espalhar os comportamentos bons e produtivos de uma pessoa para as outras, com o propósito de valorizá-la e incentivar que outros reproduzam aquele comportamento.

*

Para refletir

"Se pudéssemos avaliar os prejuízos causados a grandes empresas pela fofoca, talvez víssemos que o total ultrapassa o PNB (Produto Nacional Bruto) das nações mais pobres."
(Harvey Mackay)

"A pessoa que lhe conta uma fofoca também fará fofoca sobre você."
(Provérbio Espanhol)

"Fofoca só floresce em pé de orelha adubada com más intenções."
(Andre Saut)

"Quando Pedro me fala sobre Paulo, sei mais de Pedro do que de Paulo."
(Sigmund Freud)

"As fofocas são como queimadas em campo seco. Elas começam com uma fagulha e acabam se tornando um incêndio na floresta."
(Roy Lilley)

Autocoaching

1 - Quando uma pessoa me procura para contar uma fofoca, qual a minha reação?

_____
_____
_____
_____
_____
_____
_____

2 - Como estou contribuindo com uma cultura de fofocas?

_____
_____
_____
_____
_____
_____
_____

3 - O que posso fazer para acabar com a fofoca em meu ciclo de relacionamentos?

_____
_____
_____
_____
_____
_____
_____

Pecado número 4: culpar

"Culpa se refere à responsabilidade dada à pessoa por um ato que provocou prejuízo material, moral ou espiritual a si mesma ou a outrem."[32]

"Portanto, quando alguém for culpado de qualquer uma dessas coisas, deverá confessar o seu pecado." (Levítico 5:5 NTLH)

Em 2012, o meu amigo e sócio, José Carlos, passou por uma experiência nada agradável durante uma visita para Roma. Em um determinado dia, após ter feito algumas compras em uma fabricante de mágicas - e, por sorte, ter feito o pagamento em dinheiro em vez de usar o cartão, que era a ideia inicial -, ele e a esposa decidiram conhecer alguns monumentos da cidade. Como já havia anoitecido, eles pegaram um ônibus e saltaram próximo do Coliseu. Passaram pelo Fórum Romano e pararam em uma estação de ônibus próximo ao Circo Máximo. Era uma rua sem pedestres, com movimento apenas de carros. Nesse ponto, parou um automóvel com três homens, o que o deixou assustado. Um deles puxou sua carteira e se identificou como policial. Durante os primeiros segundos, isso causou uma sensação de alívio em Carlos, pois estava diante de homens da lei. No entanto, o grupo anunciou o assalto em seguida, levando o restante do dinheiro que o casal havia levado para a viagem, já que não quiseram deixar no cofre do hotel.

Passei por uma situação semelhante, só que de furto, durante uma viagem ao Rio Grande do Sul. Um pouco antes de irmos para o aeroporto pegar o voo para Brasília, resolvemos almoçar em um shopping de Porto Alegre. Deixei o carro no estacionamento coberto, em uma vaga que estava à minha espera e que ficava próxima do acesso ao shopping. Eu e minha esposa passeamos um pouco, almoçamos tranquilamente e ainda sobrou tempo para passarmos em uma livraria e no supermercado, tudo dentro do centro de compras. Quando retornamos, o carro estava arrombado, e todas as nossas malas haviam sumido. Ficamos, literalmente, com as roupas do corpo, pois todo o resto foi furtado do veículo alugado, dentro do estacionamento de um shopping, com segurança e câmeras de vigilância. O responsável pela segurança do local disse que, como o automóvel estava atrás de um pilar, a câmera não gravou a ação. Ligamos para a polícia, que nos atendeu com muita rapidez, e fizemos o Boletim de Ocorrência.

Nesses dois exemplos, se analisarmos pela ótica da culpa, quem poderemos considerar como culpados? Podemos, eu e meu sócio, assumirmos a culpa; podemos culpar a falta de segurança pública, tanto em Roma quanto em Porto Alegre; podemos também considerar os assaltantes como culpados. Na verdade, podemos culpar qualquer um.

Parafraseando Homer Simpson, protagonista da série de animação estadunidense *The Simpsons*, "a culpa é minha, eu ponho ela em quem eu quiser". Mesmo dita por um personagem de um programa humorístico, essa afirmação tem base em nossa realidade. Quando somos acusados de algo, tendemos a nos defender e, em algumas situações, a colocar a culpa em outra pessoa. É uma transferência de responsabilidade.

O hábito de culpar apresenta, normalmente, três vínculos negativos: o primeiro, é que culpar pode ser acompanhado de rotular; o segundo, é que ele anda de mãos dadas com a raiva e o ressentimento; e o terceiro, é que tem uma forte ligação com as nossas crenças ou deveres sobre como os outros devem pensar, sentir e comportar-se - e quando violam nossas regras, tornam-se maus e passíveis de condenação e punição.[33]

Portanto, não é uma boa ideia focar a culpa, porque ela inibe nossa habilidade de aprender o que de fato está causando o problema e nossa capacidade de fazer algo significativo para corrigi-lo.[34] Por outro lado, o conselho "não culpe os outros" não é a resposta, assim como responsabilizar a si mesmo não é o antídoto para a tendência de culpar o outro.[35] Em todas essas situações, o ato de culpar é um comportamento nocivo ao nosso desenvolvimento e de outras pessoas, além de ser uma forma de julgamento.

Quando perguntamos "quem é o culpado?", estamos, na verdade, fazendo três perguntas em uma: primeiro, essa pessoa causou o problema?; segundo, em caso afirmativo, como as ações deveriam ser julgadas em relação a um padrão de conduta?; e terceiro, se o julgamento é negativo, como ela deveria ser punida? Quando dizemos "a culpa é sua", estamos automaticamente dando respostas reprovadoras para os três questionamentos. Queremos dizer não só que você causou o problema, mas também que fez algo ruim e deve ser punido.[36] Culpa envolve julgamento e olhar para trás. Podemos culpar: a nós mesmos, os outros ou o mundo.

Em resumo, "toda culpa é uma perda de tempo"[37], pois o simples ato de culpar não trará as mudanças necessárias. Ao contrário, uma pessoa que é acusada tende a se defender, mesmo que esta seja você. E ao transferirmos a responsabilidade para o outro, perdemos a oportunidade de aprender com o erro, afinal, "a prática de culpar outras pessoas não só é responsável por talvez metade de nossos erros, como também por nosso fracasso em tirar bom proveito dos erros"[38].

Nesse sentido, o *coach*, John Whitmore, afirmou que "o medo da culpa não só inibe a tomada de riscos mais calculada, como também bloqueia o honesto reconhecimento, identificação e confirmação de falhas em um sistema"[39]. E, com isso, além de não haver aprendizado, decisões importantes podem deixar de ser tomadas, e falhas graves acabam não sendo corrigidas, o que poderá gerar prejuízos para todos os envolvidos.

Ainda, o fato de "jogar excessivamente a culpa sobre nós mesmos abre a porta para sentimentos de culpa"[40], e ela é uma emoção inútil, pois focaliza um fato passado. A pessoa "sente-se deprimida ou zangada em função de algo que fez ou disse e estraga seus momentos presentes ocupada com sentimentos que dizem respeito a um comportamento anterior"[41].

O comportamento de culpar a si ou o outro é, portanto, um desperdício de tempo, esse bem tão preciso e limitado que compõe nossas vidas. Além disso, o ato de culpar a si pode causar um prejuízo ao seu estado emocional, em decorrência dos sentimentos consequentes da culpa. A partir disso, proponho uma mudança radical: trocar o sistema de culpa, que compreende os comportamentos de culpar a si, os outros ou as circunstâncias, pelo sistema de contribuição, que será abordado no próximo tópico.

***

Troque a culpa pela contribuição

Essa troca corresponde a uma modificação de mentalidade, que poderá impactar uma mudança cultural. Analisar pela perspectiva da contribuição - em vez de procurar culpados - envolve compreender o que, de fato, aconteceu e o que amplia as possibilidades de melhoria e de aprendizagem para todos os envolvidos na situação.

Analisar a sua própria contribuição é um processo de autoconhecimento, pois requer olhar para suas ações ou inações, com o propósito claro de identificar o que fez ou deixou de fazer e como isso contribuiu para o erro ou problema. Requer a humildade para reconhecer suas falhas e a integridade para assumir a responsabilidade por seus atos. Ampliando nossa consciência, podemos aprender com os nossos erros e iniciar um processo de mudança de comportamento, se necessário. Ao mesmo tempo, é possível compreender a contribuição do outro para o erro ou problema, o que nos permite ajudá-lo a perceber e reconhecer seu papel. Ainda é possível verificar quem mais está envolvido na situação e quais as respectivas colaborações.

Contribuição envolve compreensão e olhar para a frente. A contribuição requer um conjunto de perguntas diferentes e relacionadas. A primeira é: "como cada um contribuiu para chegar a tal situação?" ou "o que cada um fez ou deixou de fazer para estar em tal situação?". A segunda é: "tendo identificado o sistema de contribuição, como podemos modificá-lo?"[42].

Quando identificamos claramente as contribuições dos envolvidos no erro ou problema, que são formadas por ações ou inações, ou seja, por comportamentos, podemos mudá-las. Quando analisamos pela ótica da culpa, a tendência é a busca de desculpas ou justificativas, as quais dificilmente irão gerar as mesmas mudanças.

No exemplo do meu amigo José Carlos, o que ele fez que contribuiu para ser assaltado? a) andar à noite em um lugar pouco movimentado; b) levar consigo uma quantia alta de dinheiro em espécie; c) não deixar o dinheiro no cofre do hotel. Esses comportamentos podem ser modificados. Em uma próxima viagem, ele pode ter mais cuidado ao sair à noite, evitar lugares com pouco movimento, pode deixar o dinheiro no cofre do hotel, utilizar o cartão de crédito ou levar uma quantia menor consigo.

***

Exemplos:

A. "Esse relatório está completamente errado; quem foi que fez essa porcaria?" [foco em achar um culpado]

B. "Esse relatório está errado. Quem fez o relatório e como ele contribuiu com o erro? Como eu posso ter contribuído para que isso tenha acontecido?"

Na primeira situação, pelas palavras utilizadas, é possível inferir que a pessoa está irritada com o resultado e busca um culpado. Na segunda situação, o foco são as contribuições, na sua possível participação e na contribuição dos demais envolvidos.

A parábola abaixo é um ótimo exemplo do que acontece quando culpamos, em vez de buscarmos as contribuições:
"Todos, alguém, qualquer um e ninguém.

Esta é uma história de quatro pessoas:

Havia um trabalho importante a ser feito, e TODOS tinham certeza de que ALGUÉM o faria.

QUALQUER UM poderia tê-lo feito, mas NINGUÉM o fez.

ALGUÉM zangou-se, porque era um trabalho de TODOS.

TODOS pensaram que QUALQUER UM poderia fazê-lo, mas NINGUÉM imaginou que TODOS deixariam de fazê-lo.

Ao final, TODOS culparam ALGUÉM quando NINGUÉM fez o que QUALQUER UM poderia ter feito."

*

Para refletir

"Se você julgar as pessoas, não terá tempo para amá-las."
(Madre Teresa)

"A culpa o leva à defensiva;- a defensiva reduz a consciência."
(John Whitmore)

"Temos quatro opções quando escutamos uma mensagem difícil:
1. *Culpar a nós mesmos;*
2. *Culpar os outros;*
3. *Perceber nossos próprios sentimentos e necessidades;*
4. *Perceber os sentimentos e necessidades dos outros."*
(Marshall B. Rosenberg)

Autocoaching

1 - Qual o meu comportamento-padrão em relação à culpa?

_____
_____
_____
_____
_____

2 - Em qual situação recente eu procurei culpados? Qual resultado eu teria se tivesse analisado as contribuições de cada um dos envolvidos?

_____
_____
_____
_____
_____
_____
_____

3 - O que eu posso fazer para tornar a análise das contribuições um hábito?

_____
_____
_____
_____
_____
_____
_____

Pecado número 5: rotular

Atribuir um rótulo ao outro ou a si mesmo é julgar e definir a essência do ser.

"Mais cedo ou mais tarde, quem zomba dos outros será julgado, e quem não tem juízo, será castigado." (Provérbios 19:29 NTLH)

Em 2014, um caso de racismo no futebol obteve repercussão nacional, durante uma partida pela Copa do Brasil. Uma torcedora de um clube gaúcho foi flagrada gritando termos pejorativos ao goleiro do time adversário. Naquele momento, ela o estava rotulando. Como punição, a moça foi condenada pela opinião pública, e o clube foi excluído da competição.

Situações como essa também acontecem no ambiente de trabalho: seja um chefe que rotula um subordinado, que pode ensejar uma ação por assédio moral (vertical) ou racismo, seja um colega que rotula o outro, o que pode gerar, igualmente, uma ação por assédio moral (horizontal) ou racismo. O propósito aqui, porém, não é discutir o mérito do caso. Quero apenas alertar que rotular alguém pode ter variadas consequências, inclusive, criminais.

O exemplo que abre este capítulo demonstra um hábito que está arraigado em nossa sociedade e que é disseminado nas mais diversas obras de nossa cultura. O ato de rotular está presente em nomes de programas de televisão (*Os três patetas*, *Os trapalhões*, *O gordo e o magro*), na literatura (*A megera domada*, *A moreninha*, *Juca mulato*) e no folclore (*Negrinho do pastoreio*), por exemplo.

Entre os contos de fadas, a história francesa *A bela e a fera* é uma excelente amostra da combinação de um rótulo positivo (bela) com um pejorativo (fera). Patetas, trapalhões, gordo, magro, megera, moreninha, mulato, negrinho, bela e fera: todos esses termos, palavras que compõem os títulos das obras citadas até aqui, representam rótulos.

Rotular é um ato fácil, rápido e comum. E é justamente aí que está seu problema. Os rótulos sempre estão acompanhados de um pacote informativo que vai além da descrição, como se tivesse escrito "vide bula". Ele tenta definir alguém sem conhecê-lo e sem dar à pessoa a oportunidade de mostrar-se como realmente é.[43] Assim, quando rotulamos alguém, estamos dizendo que a essência daquela pessoa é o seu rótulo, ou seja, que ela nunca conseguirá mudar.

Como explicou Sarah Edelman[44], rotular é a suprema generalização, pois ignora o fato de sermos uma mistura complexa de características e comportamentos pessoais, e não podemos definir nossa essência apenas por alguns comportamentos. Para Albert Ellis, um dos primeiros a afirmar que rotular é supergeneralizar, "as supergeneralizações são ilógicas e limitadas"[45].

Quando eu digo, por exemplo, que "aquela pessoa é preguiçosa", meu argumento toma como base uma determinada atitude ou comportamento, mas estou apenas generalizando o fato e considerando que a pessoa é preguiçosa sempre e em tudo. Agora, pense comigo: é, de fato, provável que a pessoa seja preguiçosa sempre e em tudo? Em meu argumento, porém, faço esse rótulo ir além, fazendo um julgamento de valor ao estabelecer que a pessoa não deveria ser preguiçosa.

Um bom exemplo do poder que as palavras que proferimos têm, principalmente quando rotulamos uma pessoa, foi apresentado pela atleta e modelo Aimee Mullins na palestra *A oportunidade da adversidade*, em evento da fundação estadunidense TED (www.ted.com). Aimee teve suas pernas amputadas quando tinha apenas um ano, pois nasceu com um problema raro de formação óssea, e tornou-se um exemplo de como transformar uma adversidade em oportunidade.

Ela conta que, ao escrever um artigo para a revista *Wired*, resolveu analisar o significado da palavra "incapaz" e encontrou 27 sinônimos: "aleijado, indefeso, inútil, destruído, paralisado, estropiado, ferido, desfigurado, manco, mutilado, desmantelado, gasto, enfraquecido, impotente, castrado, incapacitado, senil, decrépito, recolhido, acabado, extinguido, esgotado, escangalhado, excluído, ferido, inútil e fraco". Ao ler a lista em voz alta, para um amigo, sua primeira reação foi rir, mas ela conta que sua voz falhou na palavra "desfigurado" e precisou se recompor do choque emocional causado pelo rótulo. Embora ela não tenha comentado, ousarei ao fazer uma suposição: em algum momento de sua vida, é provável que ela já tenha sido rotulada de "desfigurada" ou termo semelhante.

Durante uma entrevista à *Revista Galileu*, quando questionada se já a haviam rotulado de ciborgue - em decorrência das próteses que ela utiliza -, Aimee deu um resposta muito interessante, capaz de gerar a reflexão sobre o impacto desse comportamento: "As pessoas têm me chamado de tudo: transumana, pós-humana, ciborgue. Alguém que usa lentes de contato é um ciborgue? Se considerarmos que um celular ou uma tesoura são próteses, no sentido de que eles aumentam nossas capacidades, nós somos ciborgues quando os usamos?"[46].

Mas, é importante esclarecer que, tão prejudicial quanto rotular o outro, é rotular a nós mesmos. Chamar a si mesmo de incompetente, desorganizado ou burro gera uma crença limitante que pode acompanhá-lo por toda a vida - e, muitas vezes, esse tipo de atitude tem origem na infância, gerada por pessoas próximas, como pais, tios, irmãos ou amigos.

Porém, esses rótulos, que podem ser produtos da generalização de algum comportamento, não definem quem somos. No filme *Forrest gump: o contador de histórias*, o personagem principal da história, interpretado por Tom Hanks, defende-se de forma lúdica do rótulo de idiota: "Idiota é quem comete idiotices, senhor". Como afirmou Maxell Maltz, "você faz erros - os erros não fazem você"[47]. Argumento parecido foi usado por Albert Ellis: "As pessoas cometem erros, mas elas não são os próprios erros"[48]. Portanto, precisamos separar as pessoas dos equívocos que cometem e utilizar os rótulos para classificar coisas, não pessoas.

Nesse sentido, é fundamental fugir da Síndrome de Gabriela, buscando não utilizar o rótulo como uma justificativa para permanecer o mesmo.[49] Esse fenômeno faz referência à personagem criada por Jorge Amado e que virou novela na Rede Globo. Talvez você se lembre da música-tema da produção: "Eu nasci assim, eu cresci assim, e sou mesmo assim, vou ser sempre assim, Gabriela, sempre Gabriela". Esse trecho resume a justificativa utilizada para não mudar de comportamento, afinal, se ela nasceu e cresceu com um comportamento inadequado, permanecer com ele seria justificável. Porém, como foi explicado antes, é preciso diferenciar a pessoa do comportamento - a postura pode ser modificada sem que a pessoa mude o que ela é.

No início deste capítulo, ao falar do quanto o ato de rotular está arraigado em nossa cultura, foram citados alguns exemplos de rótulos negativos e um positivo. Embora chamar a personagem da história de "bela" soe como um elogio, vale a reflexão: apenas os rótulos negativos são danosos? Será que os rótulos positivos não podem ser igualmente prejudiciais?

A psicóloga, Carol Dweck, da Universidade de Standford[50], realizou um estudo com 400 alunos da 7ª série. Quando eles foram elogiados por sua inteligência, ou seja, foram rotulados de "inteligentes" -, tiveram um desempenho pior do que os alunos que tiveram seu esforço reconhecido. O primeiro grupo foi elogiado da seguinte forma: "— Você deve ser muito inteligente". Neste caso, o verbo "ser" designa o rótulo atribuído a eles. Já no segundo grupo, que foi elogiado pelo esforço, o foco foi o "fazer": "Você deve ter se esforçado bastante". Desta forma, nenhum rótulo foi destacado. Isso porque, mesmo os rótulos positivos podem ter um efeito mais produtivo, se direcionados para o comportamento ou ação. O que a pessoa fez que possa ser elogiado?

Portanto, independentemente de utilizarmos rótulos positivos ou negativos, eles são generalizações que não definem quem somos. Assim, em vez de rotular a si mesmo ou o outro, podemos identificar os fatores que contribuíram para alguma experiência negativa e, com isso, aproveitar a oportunidade de aprender com essas situações, ajudando a manter uma perspectiva saudável. Para que possamos ampliar o nosso ponto de vista sobre como lidar com os rótulos, apresentarei algumas alternativas que podem ser úteis.

***

Empregue verbos em vez de substantivos

Como vimos antes, um dos maiores erros que cometemos é confundir o comportamento com a pessoa e concluímos que o fato de ela ter praticado um certo ato a caracteriza como um determinado tipo de indivíduo. Conseguiremos pensar mais claro, quando virmos que os erros envolvem algo que fazemos; eles se referem às ações e, para sermos realistas, deveríamos, ao descrevê-los, usar **verbos** que denotem **ação** no lugar de **substantivos**, que traduzam uma **maneira de ser.**

Por exemplo: afirmar que "eu fracassei" (forma verbal) equivale a reconhecer um erro e pode nos ajudar a identificar e corrigi-lo, para que tenhamos êxito no futuro. Por outro lado, dizer que "eu sou um fracasso" (substantivo) não descreve o que você fez, mas o que você pensa que o erro fez a você. E isso não contribui para o conhecimento. Ao contrário, tende a "fixar" o erro e torná-lo permanente.[51]

***

Foque o comportamento e não na pessoa

Em vez de rotular a pessoa, podemos descrever o comportamento que está nos incomodando. A rapadura possui duas características - doce e dura - e serve de analogia para descrever esse comportamento que nos incomoda, no lugar de rotular as pessoas. Ao descrever, seja **doce** com a **pessoa** (no sentido de respeitá-la como ser humano) e **duro** com o **problema**. Por exemplo: se alguém chegou atrasado para um compromisso, no lugar de dizer: "Você é irresponsável, chegou atrasado e nem ao menos avisou", podemos alterar o discurso para "chegar atrasado e não avisar não é admitido aqui na empresa. Peço que chegue no horário nos próximos compromissos e, se tiver algum imprevisto, que avise. Posso esperar isso de você?".

***

Transforme os rótulos em afirmações específicas

Em vez de rotular-se, é muito mais produtivo e realista pensar no seu comportamento ou situação em termos específicos. Quando perceber que está agindo assim, transforme o rótulo em uma afirmação, conforme demonstrado na tabela da página ao lado:

Rótulos (inúteis)	Afirmações específicas (úteis)
Sou socialmente incompetente.	Sou tímido com pessoas que não conheço bem.
Sou um idiota.	Fiz uma tolice.
Sou um traidor.	Decepcionei-o; cometi um erro.
Sou um fracasso.	Não realizei algumas de minhas atividades profissionais.
Sou preguiçoso.	Acho difícil sentir-me motivado em certas tarefas.
Sou ignorante.	Ainda não tenho um conhecimento geral muito satisfatório.
Sou problemático.	Às vezes, tenho dificuldades.
Sou um incompetente.	Tenho dificuldade em usar tecnologia moderna.
Sou patético.	Fico transtornado com facilidade.
Sou detestável.	Mônica não gosta de mim.

Fonte: Adaptado de EDELMAN, Sarah. *Basta pensar diferente: como a ciência pode ajudar você a ver o mundo por novos olhos.* São Paulo, SP: Editora Fundamento Ltda., 2014, p. 241.

Para refletir

"Não confunda o que você faz com a pessoa que você é. Você é muito, muito mais do que alguns poucos comportamentos."
(Sarah Edelman)

"Rotular-se como uma 'pessoa boa' pode lhe trazer melhores resultados do que se rotular como uma 'pessoa ruim', mas ambos os rótulos são imprecisos."
(Albert Ellis)

"É tão fácil rotular alguém! Além disso, quem não o faz? O problema é que os rótulos sempre estão acompanhados de um pacote informativo que vai além da descrição."
(Walter Riso)

"Observar (os comportamentos) sem avaliar é a forma mais elevada de inteligência humana."
(J. Krishnamurti, filósofo indiano)

Autocoaching

1 - Qual o meu comportamento-padrão com relação aos rótulos?

_____
_____
_____
_____
_____
_____

2 - Em qual situação recente eu rotulei negativamente a mim ou outra pessoa? Que pensamentos e sentimentos esse rótulo gerou em mim?

_____
_____
_____
_____
_____
_____

3 - O que eu posso fazer para parar de rotular a mim e os outros?

_____
_____
_____
_____
_____
_____
_____

Pecado número 6: criticar

"Criticar significa encontrar defeito em alguém ou em alguma coisa."
(Will Bowen)

"O Senhor fez os pesos e as medidas; por isso quer que sejam usados com honestidade." (Provérbios 16:11 NTLH)

Certa vez, recebi um *e-mail* de um chefe criticando o meu trabalho. Embora não lembre as palavras exatas que ele utilizou, guardo claramente o que senti. Interpretei aquelas críticas como um julgamento à minha competência e concluí que ela estava sendo questionada. Guardei aquela mensagem na caixa de entrada do gerenciador de *e-mail* que eu utilizava. No entanto, no dia seguinte ao envio da crítica, meu chefe tratou-me como se nada tivesse acontecido. Achei estranho o seu comportamento, mas continuei a olhar a mensagem diariamente durante um período de quase seis meses.

Um certo dia, tive uma oportunidade e resolvi conversar com ele sobre o fato. Para minha surpresa, ele me disse que tinha sido algo de momento e que nem lembrava mais, e a maior prova de que jamais afirmou que eu era incompetente era o fato de me manter no cargo de liderança e ainda me passar mais desafios e projetos. Disse que pensava justamente o contrário.

Aprendi três lições com esse incidente: a primeira, que o impacto que uma crítica tem sobre a pessoa é resultado da forma como ela irá interpretar o que foi dito e como foi dito; a segunda, é que o sentimento que a crítica gerou será mais importante para a pessoa do que as palavras que foram ditas, portanto, lembrará mais facilmente de como se sentiu do que do conteúdo da crítica; a terceira é que, ao recebermos uma crítica, devemos lembrar que é a forma que o outro interpretou nosso comportamento, ou seja, é apenas uma perspectiva e não, necessariamente, a verdade absoluta.

Esse é o efeito de uma crítica. Podemos esquecer as palavras, mas não como as interpretamos, nem o sentimento que essa interpretação gera, pois não foi o meu chefe que fez com que eu me sentisse incompetente, mas a interpretação que dei ao que ele escreveu.

Na maioria das vezes, a crítica provoca o comportamento oposto ao esperado: em vez de eliminar o comportamento indesejado, pode reforçá-lo, pois, "quando uma pessoa é alvo de críticas, ela sente necessidade de justificar seu comportamento"[52]. Quem critica, acredita que isso é uma forma de mudar o comportamento do outro. No entanto, não podemos mudar o comportamento de uma pessoa, apenas o nosso, e a crítica costuma surtir justamente o efeito contrário. Algumas características de uma crítica são:

- A crítica é fútil, porque coloca um homem na defensiva e, usualmente, faz com que ele se esforce para se justificar.[53]

- A crítica é perigosa, porque fere o precioso orgulho do indivíduo, alcança o seu senso de importância e gera o ressentimento;[54]

- A crítica é um instrumento, um princípio psicológico de defesa, ou seja, a pessoa se fecha em uma redoma e critica todo mundo;[55]

- A crítica é uma arma disparada por alguém protegido por uma armadura;[56]

- A crítica não faz com que as pessoas queiram mudar; faz com que elas se defendam.[57]

***

O psicólogo Arnold A. Lazarus[58] classifica a crítica em três categorias:

Críticas irrelevantes: são comentários feitos por pessoas que veem defeito em tudo e em todos, criticando até coisas que nada têm a ver com a situação em que se encontram.

Críticas destrutivas: geralmente, surgem como ataques pessoais, humilhações e tentativas de destruição da personalidade e, ainda, normalmente rotulam a outra pessoa de alguma forma pejorativa.

Críticas construtivas: podem ser úteis, porque tratam do que interessa, com o objetivo de gerar aprendizado, focando no ato, não na pessoa. Serão construtivas quando percebidas como tal.

No entanto, mesmo a crítica dita construtiva pode levantar um muro entre o crítico e a pessoa criticada, em vez de construir uma ponte que conecte os dois. O momento, o contexto, o propósito e o grau de sintonia entre eles serão fundamentais para definir se a crítica será percebida como construtiva ou não. Mesmo que o crítico tenha as melhores intenções, quem recebe é que define a categoria em que ela se enquadrará, de forma automática e, muitas vezes, inconsciente. Talvez as pessoas se esqueçam do que dissemos, mas jamais se esquecerão de como se sentiram por causa disso.[59]

Portanto, a crítica descrita neste capítulo é aquela que foca apenas no negativo. Há alguns anos, eu li uma parábola que ilustra muito bem a capacidade que temos de focar nos pontos negativos de uma pessoa, em vez de perceber as qualidades que ela possui.

"Convidado por uma grande empresa, para fazer uma palestra sobre crítica negativa, o conferencista compareceu ao auditório superlotado, levando uma grande sacola.

Depois de cumprimentar os presentes, retirou, de cima da mesa, a jarra de água e o copo, ali deixando apenas a toalha especial que a cobria. Em seguida, sobre a toalha, ligou e acendeu uma poderosa lâmpada, enfeitou a mesa com algumas joias e com diferentes plantas e flores, acrescentando, ainda, um livro. A seguir, para assombro dos presentes, retirou de um recipiente de plástico uma barata e a colocou dentro de um vidro transparente, que também pôs sobre a toalha. Somente então voltou a se dirigir ao público e perguntou:

— O que vocês veem nesta mesa, meus amigos? - Os presentes deram a mesma resposta, porém, de acordo com a fantasia individual:
— Um bicho.
— Um inseto horrível.
— Um pequeno monstro repelente.
— Uma barata.

Depois de alguns momentos de suspense, o conferencista afirmou: — Na mesa, há uma toalha especial, uma luz poderosa, diversas joias deslumbrantes, variadas plantas, flores e um livro extraordinário. Apesar de tudo isso, os que se manifestaram somente viram o insignificante inseto. Assim é a crítica negativa: abre mão do que é bom e destaca o que não presta, eliminando o entusiasmo. Nada mais tenho a dizer. Muito obrigado a todos pela presença"[60].

Na parábola, o pequeno inseto representa os defeitos que vemos nas pessoas, enquanto os outros belos objetos significam suas qualidades, que acabam escurecidas pela ampliação de um pequeno ponto escuro denominado de crítica.

Salientar os pontos negativos é uma capacidade inerente ao ser humano; algo que pode ser percebido, por exemplo, na mídia. Afinal, o que vende mais: notícias sobre coisas boas ou sobre tragédias? Das últimas notícias que você teve contato, qual você lembrou no momento em que começou a ler este parágrafo?

***

Deixe De Criticar (DDC)

Acredito que o objetivo de todos nós é encontrar uma fórmula para sermos felizes. Les Giblin escreveu que, "há alguns anos, vários psicólogos se reuniram para ver se podiam descobrir alguma regra simples que pudesse ajudar para que as pessoas tivessem uma vida mais feliz, com uma paz espiritual maior"[61]. Segundo o autor, eles encontraram uma fórmula chamada "DDC", a qual parecia operar milagres. Seu significado: Deixe De Criticar. Os pesquisadores descobriram que um comportamento-padrão de quase todas as pessoas neuróticas e infelizes consistia em criticar deliberadamente e constantemente. No entanto, quando esses indivíduos mudaram de atitude e começaram a buscar o lado bom dos outros que estavam a seu redor e as coisas boas em suas vidas, sua própria felicidade aumentava notavelmente.

Um bom exemplo disso foi escrito por Dale Carnegie e trata-se de um relato de um participante dos treinamentos que ele ministrou. O participante contou a respeito de um pedido feito por sua esposa, para que ele relacionasse seis coisas que ela poderia melhorar para se tornar uma esposa mais eficiente. Tratava-se de um trabalho que ela tinha que apresentar ao grupo dela na igreja. O marido disse que ficou surpreso com o pedido e que seria muito fácil relacionar as seis coisas que gostaria que a esposa mudasse. No entanto, ele pediu para pensar a respeito e, no dia seguinte, em vez de relacionar as "críticas construtivas", ligou para uma floricultura e pediu que entregassem seis rosas vermelhas à sua esposa com um cartão, contendo os seguintes dizeres: "Não consigo me lembrar de seis coisas em que você poderia mudar. Eu a amo do jeitinho que você é". Ele relatou, ainda, que, quando chegou em casa naquela noite, sua esposa o recebeu à porta, quase chorando. O resto da história vocês podem imaginar.[62]

Talvez você pense que isso é utópico - e se pensou desta forma, já está criticando. No entanto, é um bom exemplo para demonstrar que, mesmo uma crítica que seria construtiva, pois foi solicitada, pode ser evitada, e podemos obter um resultado mais produtivo ao evidenciarmos o que a pessoa tem de bom. Esse exemplo faz parte de uma série de outras histórias verídicas relatadas por Dale Carnegie em seu livro *Como fazer amigos e influenciar pessoas*, que destacam um princípio para criar sintonia com as pessoas: **não critique, não condene, não se queixe**.

Eu sei que é um desafio Deixar De Criticar ou Não Criticar, como sugerem os autores, principalmente por ser muito mais fácil encontrar defeitos nos outros. A parábola, a seguir, ilustra muito bem esse ponto:

Um aluno quis saber do mestre qual é a maior dificuldade no relacionamento entre as pessoas. O mestre respondeu:

— O maior problema entre os homens é que, de modo geral, caminham pela terra em fila indiana, sem se darem as mãos. Além disso, conduzem um alforje com uma bolsa na frente e outra atrás. Na bolsa da frente, levam suas virtudes; na de trás, carregam os defeitos. Dessa forma, durante a vida, os homens fixam seu olhar nas virtudes que possuem presas no peito, mas estão sempre se esquecendo dos defeitos que estão guardados na bolsa de trás. Assim, na fila indiana dos homens, quem vem atrás está sempre enxergando suas próprias virtudes, ao mesmo tempo em que só vê os defeitos de quem vai à frente. O resultado é que cada um tem tolerância apenas consigo e orgulho somente de si próprio, mas é intransigente e crítico em relação ao outro. Pela falta de solidariedade (por causa da fila indiana) e pelas críticas (em razão da forma como conduzem suas virtudes e defeitos), vem a dificuldade no relacionamento entre as pessoas."[63]

Portanto, aplique a fórmula *DDC* ou vivencie o princípio *não critique, não condene, não se queixe*.

***

Reforço positivo em vez de crítica

Uma estratégia para deixar de criticar é focar o comportamento positivo. Como demonstrou o psicólogo B. F. Skinner, muitas vezes, a crítica reforça o comportamento indesejado, pois, talvez, seja o único momento em que o infrator irá receber alguma atenção - e as pessoas conscientemente ou inconscientemente buscam atenção. Portanto, Skinner recomenda que se minimize a reação ao comportamento indesejado e que se amplie o reconhecimento ao comportamento desejado, ou seja, devemos reforçar o comportamento que queremos que a pessoa repita no lugar de reforçar o comportamento que não queremos.[64]

***

Sete passos para uma crítica produtiva e útil

Sabemos que deixar de criticar é um grande desafio, e nem sempre será possível focar apenas o comportamento desejado, pois as pessoas cometem erros e podem precisar de direcionamento. E como escreveu o educador Flip Flippen: "Não há virtude alguma em achar defeitos no trabalho ou nas contribuições de todos os demais. Contudo, é uma enorme virtude saber encontrar, nos outros, oportunidades para crescerem e serem melhores e ajudá-los a se superar"[65].

E a diferença sutil apresentada por Flip Flippen está no propósito. Na primeira parte, ele descreve que a crítica visa apenas evidenciar o defeito; já na segunda, busca a tomada de consciência de uma oportunidade de melhoria. Um ótimo exemplo de oportunidade de melhoria necessária foi dado por Les Giblin, no livro *Como ter segurança e poder nas relações com as pessoas*. Ele fala sobre um piloto que está próximo de aterrissar, pois, "com muita frequência, sua pilotagem deve ser criticada ou corrigida pela torre. Se ele está fora de rota, a torre não vacila em lhe dizer; se está entrando demasiado baixo, ele é advertido a respeito; se está a ponto de sair da pista, a torre o corrige"[66]. No entanto, os pilotos não se sentem ofendidos por essa crítica, justamente porque o controlador de voo não faz recriminações, não lança sua crítica por meio de alto-falantes, mas em sigilo completo, por meio dos fones de ouvido do piloto, e ainda critica o ato, não a pessoa. O controlador não diz "que maneira mais estúpida de aterrissar". Somente fala que "você está entrando muito baixo". Essa crítica é feita dentro de um contexto específico, no momento adequado, com um propósito claro, de forma impessoal, com foco em corrigir o ato e não a pessoa.

Os sete passos são[67]:
1. Faça a crítica com absoluta reserva;
2. Antes da crítica, diga uma palavra amável ou faça um elogio;
3. Procure fazer com que a crítica seja impessoal. Critique o ato, não a pessoa;
4. Dê a solução - ou ajude a pessoa a encontrar alternativas;
5. Peça cooperação - não a exija;
6. Uma só crítica para cada falta cometida;
7. Conclua de maneira amistosa.

***

O Pai Perdoa
Para encerrar este capítulo, quero compartilhar com você um texto que me tocou profundamente. Lembro-me de que o li quando meu filho, Renan, tinha apenas cinco anos de idade. Foi justamente quando sofri um acidente de moto e fiquei quase dois

meses hospitalizado sem poder vê-lo. Espero que, após a leitura, você possa repensar seu comportamento sobre criticar, não só um filho ou filha, mas também qualquer outra pessoa. O texto é de autoria de W. Livingston Larned e foi extraído do clássico *Como fazer amigos e influenciar pessoas*, de Dale Carnegie.

"Escute, filho: enquanto falo isso, você está deitado, dormindo, uma mãozinha enfiada debaixo do seu rosto, os cachinhos louros molhados de suor, grudados na fronte. Entrei sozinho e sorrateiramente no seu quarto. Há poucos minutos, enquanto eu estava sentado lendo meu jornal na biblioteca, fui assaltado por uma onda sufocante de remorso. E, sentindo-me culpado, vim para ficar ao lado de sua cama.

Andei pensando em algumas coisas, filho: tenho sido intransigente com você. Na hora em que se trocava para ir à escola, ralhei com você por não enxugar direito o rosto com a toalha. Chamei-lhe a atenção por não ter limpado os sapatos. Gritei furioso com você por ter atirado alguns de seus pertences no chão.

Durante o café da manhã, também impliquei com algumas coisas. Você derramou o café fora da xícara. Não mastigou a comida. Pôs o cotovelo sobre a mesa. Passou manteiga demais no pão. E quando começou a brincar, e eu estava saindo para pegar o trem, você se virou, abanou a mão e disse: ' Chau, papai!' e, franzindo o cenho, em resposta, lhe disse: 'Endireite esses ombros!'.

De tardezinha, tudo recomeçou. Voltei, e quando cheguei perto de casa, vi-o ajoelhado, jogando bolinha de gude. Suas meias estavam rasgadas. Humilhei-o diante de seus amiguinhos, fazendo-o entrar na minha frente. 'As meias são caras - se você as comprasse, tomaria mais cuidado com elas!'. Imagine isso, filho, dito por um pai!

Mais tarde, quando eu lia na biblioteca, lembra de como

me procurou, timidamente, uma espécie de mágoa impressa nos seus olhos? Quando afastei meu olhar do jornal, irritado com a interrupção, você parou à porta: 'O que é que você quer?', perguntei implacável.

Você não disse nada, mas saiu correndo num ímpeto na minha direção, passou seus braços em torno do meu pescoço e me beijou; seus braços foram se apertando com uma afeição pura que Deus fazia crescer em seu coração e que nenhuma indiferença conseguiria extirpar. A seguir, retirou-se, subindo correndo os degraus da escada.

Bom, meu filho, não passou muito tempo, e meus dedos se afrouxaram, o jornal escorregou por entre eles, e um medo terrível e nauseante tomou conta de mim. Que estava o hábito fazendo de mim? O hábito de ficar achando erros, de fazer reprimendas - era dessa maneira que eu o vinha recompensando por ser uma criança. Não que não o amasse. O fato é que eu esperava demais da juventude. Eu o avaliava pelos padrões da minha própria vida.

E havia tanto de bom, de belo e de verdadeiro no seu caráter. Seu coraçãozinho era tão grande quanto o sol que subia por trás das colinas. E isso eu percebi pelo seu gesto espontâneo de correr e de dar-me um beijo de boa-noite. Nada mais me importa nesta noite, filho. Entrei na penumbra do seu quarto e ajoelhei-me ao lado de sua cama, envergonhado!

É uma expiação inútil; sei que, se você estivesse acordado, não compreenderia essas coisas. Mas, amanhã, eu serei um papai de verdade! Serei seu amigo, sofrerei quando você sofrer, rirei quando você rir. Morderei minha língua quando palavras impacientes quiserem sair pela minha boca. Eu irei dizer e repetir, como se fosse um ritual: 'Ele é apenas um menino, um menininho!'.

Receio que o tenha visto até aqui como um homem feito. Mas, olhando-o agora, filho, encolhido e amedrontado no seu ninho, certifico-me de que é um bebê. Ainda ontem esteve nos braços de sua mãe, a cabeça deitada no ombro dela. Exigi muito de você. Exigi muito".

Para refletir

"As opiniões são propriedade de quem as emite, e quando as formulamos como se fossem verdades absolutas, estamos ocultando esta qualidade."
(Oscar Anzorena)

"A verdadeira arte da conversação não requer apenas que digamos a coisa certa no lugar certo, mas que deixemos de dizer coisas inadequadas em momentos de tentação."
(Dorothy Nevill)

"As pessoas pedem críticas, mas só querem elogios."
(W. Somerset Maugham)

"É mais fácil desenvolver a capacidade de criticar do que qualquer outra habilidade."
(Zeuxis)

Autocoaching

1 - Qual o meu comportamento-padrão com relação à crítica?

_____
_____
_____
_____
_____
_____

2 - Em qual situação recente eu critiquei uma pessoa próxima? Qual resultado eu teria se, em vez de focar em algo negativo, eu tivesse focado um comportamento positivo?

_____
_____
_____
_____
_____
_____
_____

3 - O que eu posso fazer para deixar de criticar a mim ou os outros com tanta frequência?

_____
_____
_____
_____
_____
_____

Pecado número 7: exigir

Exigir é impor a si, ao outro ou ao mundo como as coisas devem ser.

Jesus respondeu: "Vocês acham que podem obrigar os convidados de uma festa de casamento a jejuarem enquanto o noivo está com eles? Claro que não!" (Lucas 5:34 NTLH)

Tornamo-nos exigentes desde crianças, justamente por nossa condição de fragilidade e de necessidade de cuidados e atenção de outras pessoas. Quando sentimos fome, frio, calor ou algo está nos incomodando, mesmo sem termos consciência, exigimos de nossos pais, avós e demais cuidadores, que atendam às nossas necessidades e que satisfaçam nossas vontades. Nessas situações, internalizamos que podemos exigir o que queremos e que conseguiremos sem muito esforço, bastando apenas utilizar um mecanismo de alta pressão: nosso choro. Sabemos que muitos pais não suportam o choro de uma criança, mesmo sabendo que está, aparentemente, tudo bem com ela - talvez por uma convenção social (o que será que os vizinhos vão pensar?) ou mesmo por condicionamento. Recebemos, então, o que queremos e, muitas vezes, de brinde, somos bajulados, adulados, elogiados e até mimados.

Com isso, passamos a acreditar que podemos ter o que queremos, e esse querer se torna uma exigência. Em uma loja, a criança exige que os pais comprem o brinquedo que ela deseja e, se não funcionar, aciona seu mecanismo de alta pressão, seguido de sapateados, um bater de braços, pulos e, em alguns casos, gritos quase ensurdecedores. Alguns pais, novamente por convenção social ou condicionamento, acabam cedendo, o que reforça, ainda mais, que as nossas exigências têm que ser satisfeitas.

Alguns anos depois, percebemos que nossos coleguinhas na escola têm algo que nós não temos, seja uma boneca, um carrinho ou mesmo um celular ou *tablet*. Novamente, fazemos da nossa vontade uma exigência, forçando nossos pais a comprarem também aquele bem. Continuamos a aplicar nosso mecanismo de alta pressão, agora em nova versão, com chantagens emocionais como "se não me der isto, eu não te amo mais". Ainda nessa fase, também somos bombardeados pela mídia, que nos mostra que, se quisermos estar dentro dos padrões de beleza vigentes, precisamos daquela determinada bolsa, daquela mochila, daquele par de tênis ou sapatos ou daquele vestido igual ao da personagem de um programa infantil ou desenho animado.

Quando ingressamos no mercado de trabalho, em um ambiente cada vez mais competitivo, recebemos a mensagem de que precisamos ser os melhores, de que necessitamos ser competentes - afinal, as empresas já utilizam até a denominada gestão por competência. Generalizamos que precisamos, devemos, temos a obrigação de sermos competentes em tudo, o tempo todo.

Portanto, ao longo de nossas vidas, adquirimos uma série de regras incondicionais, verdades absolutas que passamos a acreditar cegamente e que se tornam o mapa para nossa tomada de decisão e para nossos comportamentos. E sendo *nossas regras*, não queremos que ninguém as viole ou quebre, pois, se isso acontecer, nos sentiremos mal - será o fim do mundo.

É possível que, ao ler a introdução deste capítulo, você tenha pensado que estou exagerando e que as coisas não são bem assim. Se isto aconteceu, uma possibilidade é que sua história tenha sido diferente ou que talvez você ainda não tenha tomado consciência das exigências que impõe a si mesmo, aos outros ou às circunstâncias da vida. Assim, vamos analisar essas exigências para depois entendermos como lidar com elas.

***

A tríade das exigências

O psicólogo Albert Ellis talvez tenha sido um dos primeiros a aprofundar o estudo sobre as exigências irracionais que fazemos a nós mesmos, aos outros e à vida. Ele classificou as exigências irracionais em três tópicos principais[68]:

a) Devo agir bem e conquistar aprovação, pois, do contrário, serei uma pessoa inadequada;

b) Os outros têm de me tratar bem, senão, serão pessoas indesejáveis;

c) As condições têm de ser como eu quero, do contrário, o mundo não presta.

Outra forma de descrever essas exigências é a utilizada pelo também psicólogo Rafael Santandreu[69] e que, provavelmente, tomou como base a classificação elaborada por Albert Ellis. Vejamos:

a) Devo fazer tudo bem-feito;

b) As pessoas deveriam me tratar bem, de forma justa e com consideração;

c) As coisas devem ser favoráveis a mim.

É possível perceber que, o que difere em cada categoria é o foco da exigência. No primeiro grupo, (representado pela letra "a"), o foco está em si próprio; no segundo, o foco está na outra pessoa; já o foco do terceiro grupo está nas circunstâncias, nas coisas ou no mundo.

★★★

As consequências das exigências

Ellis também identificou os sentimentos prováveis quando essas exigências ou imposições não são satisfeitas:

a) Quando o foco das exigências está em si, se não satisfeitas, podem gerar sentimentos de depressão, ansiedade, pânico e baixa autoestima;

b) Nas situações em que o foco das imposições está no outro, e quando não são atendidas, podem gerar sentimentos de fúria, impaciência e amargura;

c) E quando o foco está no mundo, e ele não corresponde às expectativas inflexíveis, haverá possibilidade de gerar sentimentos de intolerância, frustração, depressão e pena de si mesmo.

***

Os três "Is" das exigências:

Muitas exigências ou imposições dogmáticas e absolutas podem ser classificadas como infantis, inflexíveis e, muitas vezes, irreais e, normalmente, causam o pessimismo, a intolerância e a insatisfação consigo mesmo e com os outros.

a) **Infantis:** são aquelas que parecem birra de uma criança que esperneia, exigindo que sua mãe compre um determinado brinquedo em uma loja.

b) **Inflexíveis:** são aquelas que não admitem negociação, não possibilitam um meio-termo ou mesmo uma pequena flexibilização.

c) **Irreais:** quando não são passíveis de serem atendidas, por estarem fora de contexto e do campo das possibilidades.

***

A *Tirania* do "*deve*"[70][71], a *Ditadura* do "*tem que*", e o *Autoritarismo* do "*preciso*"

A psicóloga Sarah Edelman explicou, de forma didática, o que são esses deveres:

"Deveres são as regras ou crenças que mantemos sobre a forma como deveriam ser as coisas. Alguns deveres concentram-se no comportamento e no desempenho da própria pessoa; outros, no modo como a pessoa acredita que os outros devem se comportar e como o mundo deve ser."[72]

Esses deveres impostos aos outros ou a nós mesmos, em muitos casos, estão inconscientes. Portanto, acabam dominando nossas reações e influenciando nossos sentimentos. Os pensamentos absolutistas e categóricos nos obrigam a transitar por uma estrada estreita e desconfortável, cheia de *deverias*[73], *tem que* e *preciso*.

Normalmente, as exigências são feitas de forma impositiva e autoritária, seguidas das expressões *deve*, *tem que* ou *preciso*. No entanto, apenas eliminar do vocabulário o uso dessas palavras não o tornará um pensador flexível. O que importa não são as palavras que empregamos, mas as crenças às quais nos apegamos.[74]

Eu me lembro de um chefe que tive, o qual, inclusive, recebeu o rótulo de "eu preciso". Ele costumava chegar em nossa sala e falar: "Eu preciso, agora, daquele relatório". Esta expressão estava presente em boa parte de suas interações comigo e com meus colegas. Era como se ele sofresse da doença da "precisite". Acredito que o problema não era tanto a expressão em si, mas sim o autoritarismo que podia ser percebido em seu tom de voz e expressão.

A *tirania do deve* aparece quando exigimos que o outro *deveria* fazer ou saber de algo ou, ainda, quando nós *deveríamos* ter feito ou sabido de algo. Já a *ditadura do tem que* surge quando afirmamos que os outros *têm que* se comportar do jeito que esperamos ou que nós *tínhamos* que nos comportar de determinada forma.

***

Palavras de pressão

Os *coaches* Andrea Lages e Joseph O'Connor[75] utilizaram essa expressão para explicar as palavras que utilizamos e que geram pressão para fazer ou não algo, ainda que inconscientemente. Algumas palavras que indicam pressão são: "dever" e "não dever", "deveria" e "não deveria". Esses termos estabelecem uma exigência sobre o que a pessoa pode ou não pode, sobre o que deve ou não deve fazer. Podem gerar pressão sobre a própria pessoa ou sobre os outros.

Alguns exemplos:
"Eu devo terminar isto até o fim de semana."
"Ele não podia ter feito aquilo."

***

Analise as consequências: prós e contras

Segundo a lei de causa e efeito, para toda exigência há uma consequência. Portanto, uma boa medida para lidar com a sua lista de exigências pessoais é analisar as consequências de mantê-las, comparando-as às consequências de abdicar delas ou modificá-las. Depois que começar a pensar nos prós e contras de determinadas consequências, aumentará sua consciência sobre elas, e você passará a focar na melhor solução, em vez de uma única solução.[76]

Você pode fazer uma relação das exigências que tem imposto a si, aos outros e ao mundo. Assim, ao lado de cada exigência, com o objetivo de ampliar sua perspectiva sobre elas, poderá estabelecer quais são os pontos favoráveis de mantê-las e, em seguida, quais seriam os pontos desfavoráveis de continuar impondo essas exigências. Com essa lista em mãos, você poderá analisar as consequências de manter as exigências, bem como as consequências de lhes renunciar ou modificá-las.

***

Substitua suas exigências por preferências

No lugar de disparar suas exigências para todos os lados, como se fosse uma metralhadora, uma outra alternativa é a substituição delas por preferências. Em vez de exigir que uma determinada pessoa se comporte da maneira que você quer, você poderá adotar a atitude de preferir que ela se comporte da maneira que você quer, mas se isto não acontecer, que você poderá lidar com isso, sem que seja o fim do mundo. E o problema das exigências é justamente o fato de que se não são atendidas, consideramos que será o fim do mundo. No entanto, quando substituímos pela perspectiva da preferência, tendemos a diminuir o drama da situação e, assim, poderemos lidar com ela de uma forma mais produtiva.

***

Troque as exigências por solicitações/pedidos

Outra alternativa é trocar as nossas exigências autoritárias por solicitações, ou seja, em vez de exigir que alguém faça algo da forma que queremos, poderemos simplesmente solicitar ou fazer um pedido, que poderá ou não ser aceito e que abrirá espaço para diálogo e negociação. Há uma tendência do ser humano a resistir ao que lhe é imposto, e as exigências são uma forma de imposição. Para que aumentem as chances de êxito, podemos fazer um pedido ou solicitação no lugar de uma exigência. Por exemplo, no lugar de exigir de seu cônjuge alguma coisa - "— Tem que pegar as crianças na escola hoje, pois eu tenho que terminar um relatório no trabalho" - substitua por uma solicitação: "— Para que eu consiga terminar um relatório no trabalho, você pode pegar as crianças na escola hoje?".

★★★

Transforme pressão em propósito

Esta alternativa foi apresentada pelos *coaches* Andrea Lages e Joseph O'Connor[77]. Eles sugerem a mudança de foco da pessoa em direção às suas metas. A proposta é transformar as expressões como "posso", "devo", "deveria" e "preciso" em "eu quero". Por exemplo, se você for dizer "eu deveria visitar meus pais", substitua por "eu quero visitar meus pais". A mudança no falar será simples, mas o impacto em como você se sentirá poderá ser muito grande, pois aliviará a pressão. Será como se tivesse tirado uma carga de suas costas.

★

Para refletir

"O que importa não são as palavras que empregamos, mas as crenças às quais nos apegamos."
(Sarah Edelman)

"As pessoas naturalmente transformam os seus anseios e preferências em exigências implacáveis."
(Albert Ellis)

"As exigências que alguém faz a si mesmo, aos outros e ao mundo estão na base da vulnerabilidade emocional; são as verdadeiras origens do neuroticismo."
(Rafael Santandreu)

"Suas expectativas inflexíveis muito provavelmente resultarão em desapontamentos, desilusão, frustração e 'horror'."
(Albert Ellis)

"Ser flexível exige que mudemos nossas cognições - não apenas o vocabulário."
(Sarah Edelman)

Autocoaching

1 - Quais exigências você tem feito aos outros, a si próprio e ao mundo? Que sentimentos elas despertam em você, quando não são atendidas?

_____
_____
_____
_____
_____
_____

2 - Exigir algo de você, dos outros ou do mundo, garante que vai acontecer do jeito que deseja? Por quê?

_____
_____
_____
_____
_____
_____

3 - Substitua suas exigências por preferências ou as troque por solicitações.

_____
_____
_____
_____
_____
_____

Resumo dos pecados e estratégias de mudança

Até aqui apresentei cada um dos sete pecados, juntamente com o *Autocoaching* e estratégias para lidar com esses comportamentos indesejados. Confesso que estou um pouco curioso em saber como foi sua jornada. Sei que pode parecer estranho o meu desejo de saber como foi a leitura e as reflexões que você fez, já que não há uma interação sua direta comigo. Mas mesmo assim, se desejar, pode me enviar um *e-mail* contando como foi. Ficarei feliz em saber e em responder.

No entanto, ainda existe um pequeno trajeto para você percorrer - se desejar, obviamente -, em que você encontrará algumas estratégias de *coaching* que poderão te ajudar a auxiliar outra ou outras pessoas, pois nosso conhecimento somente possui valor quando compartilhado. Como descrevi na introdução do livro, são ferramentas de *coaching*, e que, acredito, poderão reforçar as reflexões e mudanças que você iniciou, ao mesmo tempo que possibilitarão que outras pessoas possam experimentar mudanças comportamentais igualmente produtivas.

Ainda, encontrará, logo em seguida, uma lista com seis princípios que, ao serem colocados em prática, poderão tornar sua mudança comportamental mais efetiva. Para isso, também coloquei um tópico denominado *Compromisso Pessoal*, para que você possa assumir um compromisso com a pessoa mais importante para você (você mesmo), e aumentar assim o seu grau de comprometimento.

Porém, antes de retomar o caminho, faça um *pit stop* e reveja os 7 pecados e suas respectivas estratégias de mudanças:

Pecado número 1: supor	Questione as suposições. Dissocie o impacto das intenções.
Pecado número 2: reclamar	Transforme suas reclamações em solicitações. Desafio "24 horas sem reclamar".
Pecado número 3: fofocar	Aplique os três filtros de Sócrates. Fofoca do Bem.
Pecado número 4: culpar	Foque nas contribuições, não a culpa.
Pecado número 5: rotular	Foque o comportamento, não a pessoa. Transforme rótulos em afirmações específicas.
Pecado número 6: criticar	DDC - Deixe De Criticar. CCQ - não Critique, não Condene, não se Queixe.
Pecado número 7: exigir	Substitua suas exigências por preferências. Troque exigências por solicitações/pedidos.

Estratégias de
COACHING

Princípios para uma mudança comportamental efetiva

A lista de princípios a seguir não se trata de um conjunto de regras fixas que devem ser seguidas a qualquer preço. São princípios e, como tais, podem direcionar o comportamento para aumentar a eficácia do processo de mudança. Eles já foram testados e funcionam. A questão é: você está aberto para que eles possam funcionar para você também?

1. "Concentre-se no comportamento que você deseja introduzir em sua vida, não naquele ao qual deseja resistir."[78]

Em vez de resistir a um determinado comportamento, por exemplo, resistir a criticar o outro, procure focar no novo comportamento que você pretende introduzir, como o reforço positivo. Para aumentar a eficácia da mudança, saliente o que você quer desenvolver, pois a resistência a um determinando comportamento tende a fortalecê-lo. O condicionamento para focar no que não queremos, normalmente, tem raiz em nossa infância, quando somos bombardeados por ordens como: "não faça isso" ou "não faça aquilo". Os direcionamentos eram para o "não fazer". No entanto, a palavra "não" existe apenas na linguagem e não na experiência. Por exemplo: não pense em um elefante cor-de-rosa. Percebeu? Para não pensarmos em algo, primeiro pensamos naquilo e visualizamos o que não queremos, no lugar de visualizarmos o que realmente queremos.

2. "Concentre-se em uma mudança significativa por vez."[79]

Este segundo princípio é uma sequência natural do primeiro, pois uma vez que você se concentrou no comportamento que quer, poderá colocá-lo como prioridade e focar apenas ele, até que tenha um resultado consistente. No livro *Força de Vontade: a Redescoberta do Poder Humano*[80], o autor escreveu que pesquisas dentro e fora do laboratório demonstraram, sistematicamente, que temos uma quantidade finita de força de vontade, a qual se esgota conforme é usada. Portanto, para aumentar a taxa de sucesso no processo de mudança, é importante que você se concentre em apenas um comportamento por vez - preferencialmente, naquele que poderá trazer maior impacto positivo em suas metas e nos demais comportamentos.

3. "Inicie em etapas menores e mais administráveis."[81]

Após priorizar o comportamento que será objeto de foco, estabeleça pequenos passos, para que a mudança ocorra de forma gradual e consistente. Por exemplo, se o foco é o comportamento de reclamar, estabeleça uma meta inicial de ficar 24 horas sem reclamar, em vez de determinar que nunca mais reclamará de nada. Uma etapa menor e administrável permite maior aprendizagem, e as chances de obtermos sucesso são mais elevadas. Meu avô me dizia que era possível comer um boi inteiro desde que fosse um pedaço de cada vez. Também é a máxima atribuída a Alexandre, O Grande: "Dividir para conquistar".

4. "Determine quando, onde e como um determinado comportamento vai ocorrer, para não ter que pensar muito para fazê-lo acontecer."[82]

Quando fazemos um compromisso, determinando dia e hora para iniciar um determinado comportamento, aumentamos as suas chances de sucesso. O fato de tornar a meta de comportamento um compromisso já aumenta a possibilidade de sua concretização. Essa mesma estratégia, eu utilizo no processo de *coaching*. Peço para o *coachee* transformar sua tarefa em um compromisso, ou seja, para estabelecer especificamente quando irá fazer (data e hora) e como eu ficarei sabendo que ele fez o que se comprometeu a fazer.

5. "O que você quer e o que fará para evitar consegui-lo?"[83]
Nosso sistema de autossabotagem é ativado automaticamente, quando nos comprometemos com uma mudança. Essa pergunta tem o propósito de ajudá-lo a tomar consciência dos mecanismos que o seu sabotador interno poderá utilizar para impedi-lo de mudar. O sabotador interno, normalmente, é responsável pela sensação de medo e também autor de pensamentos como: "Deixa isso para depois", "você não vai conseguir", "você já tentou isso antes", "você precisa de um tempo para descansar". Uma vez que você identifica como seu sabotador interno age - os possíveis obstáculos que ele cria -, poderá adotar estratégias alternativas para lidar com ele.

6. "É melhor praticar cinco minutos por dia do que uma hora por semana."[84]
Para que a mudança possa se efetivar, é necessária uma prática contínua, ainda que pequena, em vez de uma prática grande e esporádica. Um boa dica é praticar nos mesmos dias em que você come. Essa é uma dica que dou para quem quer desenvolver o hábito da leitura: leia apenas cinco minu-

tos por dia. Fazendo isso, por apenas cinco minutos, não há como apresentar desculpas pela falta de tempo.

*

Compromisso pessoal

O objetivo de realizar um compromisso para sua mudança é ajudá-lo a tornar mais claro o que precisa ser feito e como você pode fazer para conseguir esse avanço e também aumentar seu grau de comprometimento.

Qual dos 7 pecados quero mudar?
___
___
___
___

Qual estratégia pretendo utilizar?
___
___
___
___

Quais princípios para uma mudança comportamental efetiva pretendo utilizar?
___
___
___
___

Qual meu primeiro passo? Quando será?
___
___
___
___

Coaching individual

O objetivo desta ferramenta é apresentar um roteiro para que você possa apoiar outra pessoa na substituição de comportamentos inadequados - como os pecados descritos neste livro - por um comportamento mais produtivo e adequado.
O processo é simples, embora não seja fácil. Siga as orientações apresentadas, não de forma robotizada, mas como uma conversa com o propósito de despertar o interesse na outra pessoa em refletir, ajustar ou mudar de comportamento. No entanto, lembre-se de que a única pessoa capaz de mudar o comportamento dela é ela mesma. Também, a única pessoa responsável pelo seu comportamento e as respectivas consequências dele é, novamente, a própria pessoa. Seu papel não será impor o seu ponto de vista para ela, mas ajudá-la a tomar consciência do comportamento inadequado e prováveis benefícios que poderá ter em mudar. Desejo uma ótima conversa, adequada, oportuna e produtiva para ambos.
As perguntas utilizadas foram extraídas do livro *Influencie!*[85]

★★★

Etapa 1 - Identificação e priorização
Nesta etapa, o propósito é identificar e priorizar um pecado, para que possa ser substituído por um comportamento mais adequado.

A. Qual deles você poderia querer evitar de cometer?

( ) Supor ( ) Culpar ( ) Reclamar	( ) Rotular ( ) Fofocar ( ) Criticar ( ) Exigir

B. Se você marcou mais de um, qual deles teria maior impacto positivo em sua vida, se você mudasse?

Etapa 2 - Motivação para mudar

Nesta etapa, com o comportamento identificado, o objetivo é despertar a motivação existente para a mudança.

A. Por que você poderia querer mudar?

B. O quanto você está disposto a mudar (numa escala de 1 a 10, em que 1 significa "nenhum pingo de disposição" e 10, "totalmente disposto")

C. Por que não escolheu um número menor?

D. Imagine que você tenha mudado. Quais seriam os resultados positivos?

E. Por que esses resultados são importantes para você?

Etapa 3 - Plano de ação para a mudança

Nesta última etapa, o foco está no desenvolvimento de um plano, com ações específicas para a substituição do comportamento indesejado. Você também pode pedir para a pessoa preencher o compromisso pessoal que consta na página 102 deste livro.

A. Qual o próximo passo, se é que há mais algum?

B. O que poderia impedi-lo de agir?

C. Como você pode lidar com essa barreira, caso exista uma?

*

Coaching em equipe

O objetivo desta ferramenta é apresentar um roteiro para que você possa apoiar um grupo ou uma equipe de pessoas na substituição de comportamentos inadequados - como os pecados descritos anteriormente - por comportamentos mais produtivos e adequados para o bem comum do grupo ou equipe.

Cada pessoa é responsável pelo seu próprio comportamento e pelas respectivas consequências dele. Seu papel será de facilitador nesse processo, e mesmo que você esteja como líder ou chefe do grupo ou equipe, é muito importante que os integrantes identifiquem os principais comportamentos inadequados e que eles desenvolvam o plano de substituição de comportamentos, a fim de que aumente a responsabilização de cada membro do grupo ou equipe. Desejo uma ótima conversa, adequada, oportuna e produtiva a todos.

O processo aqui utilizado foi adaptado do artigo *Otimização de formação de equipes*, de Marshall Goldsmith e Howard Morgan, do livro *Coaching: o exercício da liderança*.[86]

***

Etapa 1 - Identificação e priorização

Passo 1. Peça para que todos da equipe registrem, de forma confidencial, suas respostas individuais para duas perguntas:

A. Numa escala de 1 a 10 (10 como o ideal), quão bem *estamos* em termos de trabalho conjunto, como equipe?

B. Numa escala de 1 a 10, quão bem *precisamos estar* em termos de trabalho conjunto, como equipe?

Passo 2. Calcule e discuta o resultado com a equipe. Se todos acreditarem que a diferença entre a eficácia atual e a necessária indica necessidade de construção de equipe, vá para o próximo passo.

Passo 3. Faça uma rápida discussão sobre cada um dos 7 pecados, o que são e como eles podem estar contribuindo para a lacuna entre a eficácia atual e a necessária.

Passo 4. Pergunte para a equipe: Se cada uma pudesse substituir dois dos pecados listados, que ajudasse a equipe a preencher a lacuna entre *onde estamos e onde queremos estar*, quais seriam?

( ) Supor	( ) Rotular
( ) Culpar	( ) Fofocar
( ) Reclamar	( ) Criticar
	( ) Exigir

Passo 5. Em um quadro, ajude a equipe a priorizar os comportamentos listados, identificando quais apareceram mais. Determine o comportamento a ser mudado (em todos da equipe).

Passo 6. Peça a cada um para dialogar, individualmente, com cada pessoa da equipe. Durante os diálogos, cada membro solicitará que o colega sugira dois comportamentos entre os 7 pecados (mas que seja diferente daquele já acordado no passo 4), para ajudar o grupo a preencher a lacuna entre onde estamos e onde queremos estar. Os diálogos devem ocorrer simultaneamente e levam cerca de cinco minutos cada.

Passo 7. Deixe que cada membro da equipe analise sua lista de mudanças comportamentais sugeridas e escolha aquela que apareceu mais ou que lhe pareceu mais importante.

Passo 8. Após cada membro identificar o comportamento mais importante para mudar, peça para que preencham um compromisso pessoal, conforme consta na página 102 deste livro.

★

Passado, futuro e presente

Este exercício poderá ser feito tanto como processo de *autocoaching* como complemento ao *coaching* individual ou ao *coaching* em equipe. O propósito é gerar reflexão e consciência sobre o que poderia ter sido feito de diferente no passado e sobre o que poderá ser feito para que tenha os resultados que espera no futuro.

Passado:
Se você pudesse enviar uma mensagem de duas palavras para si mesmo quando mais jovem, o que escreveria?

_____
_____
_____

Futuro:
Qual mensagem você enviaria para seu "eu" futuro?[87]

_____
_____
_____

Presente:
Baseado nas mensagens que você escreveu, passado e futuro, o que você pode fazer hoje para ter uma mudança consistente e significativa de comportamento?

_____
_____
_____

Conheça um pouco mais sobre o
trabalho do autor

Assero Coaching e Treinamentos

Por meio da aprendizagem lúdica, oferecemos treinamentos corporativos para instituições públicas e privadas de todo o Brasil. Utilizamos jogos, mágica, gamificação e a metodologia LEGO® SERIOUS PLAY® para capacitar equipes e ampliar resultados, com foco em desenvolvimento de novas habilidades e mudança comportamental.

Realizamos treinamentos com diversas temáticas, tais como:
- Liderança;
- Gestão do tempo;
- Criatividade e inovação;
- Motivação e engajamento;
- Resolução de problemas;
- Reuniões eficazes;
- Delegação eficaz;
- Feedback para gestores;
- Coaching para gestores;
- Gestão de conflitos;
- Relacionamento interpessoal;
- Autoconhecimento, autoliderança e autogestão;
- Comunicação eficaz.

Para mais informações:
comercial@cirodaniel.com.br

Site:
www.cirodaniel.com.br

Facebook:
www.facebook.com/cirodanielmastertrainer

★

Academia do Trainer

A Academia do Trainer é um centro de formação de facilitadores de aprendizagem, palestrantes e *coaches*. Localizado em Brasília, o espaço foi criado no início de 2017, para suprir uma demanda de capacitação para outros *trainers*. Desde então, já ajudamos no aprimoramento de mais de 150 pessoas (até outubro de 2018), com formações e *workshops* voltados ao aprimoramento e desenvolvimento de habilidades.

Conheça alguns dos nossos treinamentos:
- FATO: o Programa de Facilitação e Aprendizagem em Treinamentos Organizacionais é uma formação completa para quem deseja atuar como facilitador de processos de aprendizagem para adultos;

- Palestras de PODER: nossa formação de palestrantes auxilia na melhora da postura, estruturação da palestra, habilidades de *storytelling*, respiração, voz e outros aspectos essenciais para quem deseja fazer uma apresentação estratégica e poderosa;

- *Coaching* em LEGO®: unindo as habilidades essenciais de formulação de perguntas para *coaches* à metodologia LSP®, o Coaching em LEGO® é uma formação única, perfeita tanto para *coaches* experientes quanto para quem quer iniciar na área.

- Certificação de Facilitador na metodologia LSP®: uma formação que ensina os princípios básicos da metodologia criada pelo Grupo LEGO®, na década de 1990. Este treinamento foi construído com base no LEGO® SERIOUS PLAY® Open Source Guide, disponibilizado pelo LEGO Group® sob uma licença Creative Commons ("Attribution Share Alike": consulte http://creativecommons.org/licenses/by-sa/3.0/ para detalhes da licença). LEGO®, SERIOUS PLAY®, a metodologia, o logotipo, as minifiguras e as configurações são marcas registradas do Grupo LEGO®, que não patrocina, autoriza ou endossa esta certificação.

Para mais informações:
comercial@cirodaniel.com.br

Site:
www.academiadotrainer.com.br

*

Ludicalizando

Em setembro de 2018, lançamos nosso canal no *YouTube*, o Ludicalizando. Ludicalizar é implementar estratégias de aprendizagem lúdica nos treinamentos da sua organização. É utilizar jogos para ampliar as perspectivas de aprendizagem durante um *workshop*. É realizar mágicas para captar e prender a atenção dos participantes. É gamificar seu processo de aprendizagem para gerar mais engajamento e ampliar os resultados. É formatar treinamentos inteiros com metodologias poderosas, como o LEGO® SERIOUS PLAY® ou a *Points of You*.

Se você quer saber mais sobre aprendizagem lúdica e aprendizagem de adultos, ou quer entender como essas ferramentas lúdicas podem impactar na capacitação da sua equipe, assine nosso canal e acompanhe nossas dicas semanais. Espero, de coração, poder compartilhar com você um pouco da experiência que acumulei nas últimas duas décadas treinando pessoas e ajudando-as a evoluírem.

Para mais informações:
youtube.com/ludicalizando

WhatsApp:
(61) 99177-6818

Bibliografia

ALBUQUERQUE, Jamil. *A arte de lidar com pessoas.* São Paulo: Editora Planeta do Brasil, 2007.

BESSONE, Hugo. *As mais sábias parábolas* - volume 1. Belo Horizonte: Solar, 2005.

_____, Hugo. *As mais sábias parábolas* - volume 2. Belo Horizonte: Solar, 2005.

BINSTOCK, Louis. *Como vencer as dez causas mais comuns do fracasso.* In MANDINO, Og. A universidade do sucesso. 14ª ed. Rio de Janeiro: Record, 2007.

BOWEN, *Pare de reclamar e concentre-se nas coisas boas.* Rio de Janeiro: Sextante, 2009.

BURNS, David D. *Convivendo com pessoas difíceis*: aprenda a conduzir relacionamentos conflituosos. São Paulo: Prumo, 2009.

CARNEGIE, Dale. *Como fazer amigos e influenciar pessoas.* 52ª ed. São Paulo: Companhia Editora Nacional, 2012.

CHAPMAN, Sam. *A empresa livre de fofoca.* São Paulo: Faro Editorial, 2014.

CHOPRA, Deepak. *O poder da consciência.* São Paulo: Leya, 2012.

DiFONZO, Nicholas. *O poder dos boatos*: como os rumores se espalham, ditam comportamentos, podem ser administrados e por que acreditamos neles. Rio de Janeiro: Elsevier, 2009.

DYER, Wayne W. *Seus pontos fracos.* Rio de Janeiro: BestSeller, 2013.

EKMAN, Paul. *A linguagem das emoções*: revolucione sua comunicação e seus relacionamentos reconhecendo todas as emoções das pessoas ao redor. São Paulo: Lua de Papel, 2011.

ELLIS, Albert. *Como conquistar sua própria felicidade*. São Paulo: BestSeller, 2004.

FREEMAN, Arthur/DeWOLF, Rose. *As 10 bobagens mais comuns que as pessoas inteligentes cometem e técnicas eficazes para evitá-las*. Rio de Janeiro: Guarda-Chuva, 2006.

GIBLIN, Les. *Como ter segurança e poder nas relações com as pessoas*. São Paulo: Editora Matese, 1989.

GOLDSMITH, Marshall. *Mojo*. Curitiba, PR: Nossa Cultura, 2011.

_____, Marshall. *Coaching*: o exercício da liderança. Rio de Janeiro: Elsevier, 2012.

GOULSTON, Mark. *Pare de se sabotar no trabalho*. Rio de Janeiro: BestSeller, 2008.

LAGES, Andrea/O'CONNOR, Joseph. *Coaching com PNL*: o guia prático para alcançar o melhor em você e em outros: como ser um coach master. Rio de Janeiro: Qualitymark Editora, 2013.

LAZARUS, Arnold A./LAZARUS, Clifford N. *De bem com a vida*: dicas práticas para se livrar do estresse e da ansiedade e adotar uma maneira de pensar mais positiva. Rio de Janeiro: Sextante, 2009.

LILEY, Roy. *Como lidar com pessoas difíceis*. São Paulo: Clio Editora, 2006.

LOEHR, Jim/SCHWARTZ, Tony. *Envolvimento total*: gerenciando a energia e não o tempo. Rio de Janeiro: Campus, 2003.

MALTZ, Maxwell. *Liberte sua personalidade*. São Paulo: Summus, 1981.

PANTALON, Michael V. *Influencie!*: como convencer qualquer pessoa acerca de suas ideias (em apenas 7 minutos). São Paulo: Lua de Papel, 2012.

PENTEADO, José Roberto Whitaker. *A técnica da comunicação humana*. São Paulo: Cengage Learning, 2012.

RISO, Walter. *Pensar bem, sentir-se bem*. São Paulo: Planeta, 2013.

SANTANDREU, Rafael. *Pare de fazer drama e aproveite a vida*. Rio de Janeiro: Sextante, 2014.

SARAH, Edelman. *Basta pensar diferente*: como a ciência pode ajudar você a ver o mundo por novos olhos. São Paulo, SP: Editora Fundamento Ltda., 2014.

SCHWARTZ, Tony/GOMES, Jean/McCarty, Catherine. *Não trabalhe muito*: trabalhe certo! Corpo, mente, emoção e espírito - como equilibrar as 4 forças que aumentam a performance pessoal e profissional. Rio de Janeiro: Elsevier, 2011.

SENGE, Peter. *A quinta disciplina*: caderno de campo: estratégias e ferramentas para construir uma organização que aprende. Rio de Janeiro: Qualitymark, 2000.

SHENK, David. *O gênio em todos nós*: por que tudo que você ouviu falar sobre genética, talento e QI está errado. Rio de Janeiro: Zahar, 2011.

STEMBERG, Robert J. *Por que pessoas espertas podem ser tão tolas?* Rio de Janeiro: José Olympio, 2005.

STONE, Douglas/PATTON, Bruce/HEEN, Sheila. *Conversas difíceis*. 10ª ed. Rio de Janeiro: Elsevier, 2011.

TOLLE, Eckhart. *Um novo mundo*: o despertar de uma nova consciência. Rio de Janeiro: Sextante, 2007.

URBAN, Hal. *Palavras positivas, mudanças significativas.* Rio de Janeiro: Sextante, 2007.

WHITMORE, John. *Coaching para performance*: aprimorando pessoas, desempenhos e resultados: competências pessoais para profissionais. Rio de Janeiro: Qualitymark, 2006.

*

Notas

[1] FREEMAN, Arthur/DeWOLF, Rose. As 10 bobagens mais comuns que as pessoas inteligentes cometem e técnicas eficazes para evitá-las. Rio de Janeiro: Guarda-Chuva, 2006, p. 21, pp. 39-41.

[2] STEMBERG, Robert J. Por que pessoas espertas podem ser tão tolas? Rio de Janeiro: José Olympio, 2005, p. 13.

[3] SARAH, Edelman. Basta pensar diferente: como a ciência pode ajudar você a ver o mundo por novos olhos. São Paulo, SP: Editora Fundamento Ltda., 2014, p. 147.

[4] EKMAN, Paul. A linguagem das emoções: revolucione sua comunicação e seus relacionamentos reconhecendo todas as emoções das pessoas ao redor. São Paulo: Lua de Papel, 2011, p. 73.

[5] CHOPRA, Deepak. O poder da consciência. São Paulo: Leya, 2012, p. 18.

[6] CHOPRA, Deepak. O poder da consciência. São Paulo: Leya, 2012, p. 46.

[7] FREEMAN, Arthur/DeWOLF, Rose. As 10 bobagens mais comuns que as pessoas inteligentes cometem e técnicas eficazes para evitá-las. Rio de Janeiro: Guarda-Chuva, 2006, pp. 79-82.

[8] PENTEADO, José Roberto Whitaker. A técnica da comunicação humana. São Paulo: Cengage Learning, 2012, p. 197.

[9] LOEHR, Jim/SCHWARTZ, Tony. Envolvimento total: gerenciando a energia e não o tempo. Rio de Janeiro: Campus, 2003, p. 197.

[10] STONE, Douglas/PATTON, Bruce/HEEN, Sheila. Conversas difíceis. 10 ed. Rio de Janeiro: Elsevier, 2011, p. 43.

[11] LAGES, Andrea/O'CONNOR, Joseph. Coaching com PNL: o guia prático para alcançar o melhor em você e em outros: como ser um coach master. Rio de Janeiro: Qualitymark Editora, 2013, p. 103.

[12] SENGE, Peter. A quinta disciplina: caderno de campo - Estratégias e ferramentas para construir uma organização que aprende. Rio de Janeiro: Qualitymark, 2000, p. 228-231.

[13] STONE, Douglas/PATTON, Bruce/HEEN, Sheila. Conversas difíceis. 10 ed. Rio de Janeiro: Elsevier, 2011, p. 50.

[14] SANTANDREU, Rafael. Pare de fazer drama e aproveite a vida. Rio de Janeiro: Sextante, 2014, p. 94.

[15] URBAN, Hal. Palavras positivas, mudanças significativas. Rio de Janeiro: Sextante, 2007, p. 40.

[16] GOLDSMITH, Marshall. Mojo. Curitiba, PR: Nossa Cultura, 2011, pp. 104-105.

[17] GOULSTON, Mark. Pare de se sabotar no trabalho. Rio de Janeiro: BestSeller, 2008, p. 172.

[18] BOWEN, Pare de reclamar e concentre-se nas coisas boas. Rio de Janeiro: Sextante, 2009, p. 26.

[19] BOWEN, Pare de reclamar e concentre-se nas coisas boas. Rio de Janeiro: Sextante, 2009, p. 83.

[20] TOLLE, Eckhart. Um novo mundo: o despertar de uma nova consciência. Rio de Janeiro: Sextante, 2007, p. 60.

[21] URBAN, Hal. Palavras positivas, mudanças significativas. Rio de Janeiro: Sextante, 2007, p. 40.

[22] BESSONE, Hugo. As mais sábias parábolas - volume 2. Belo Horizonte: Solar, 2005, p. 111.

[23] CHAPMAN, Sam. A empresa livre de fofoca. São Paulo: Faro Editorial, 2014, p. 21.

[24] URBAN, Hal. Palavras positivas, mudanças significativas. Rio de Janeiro: Sextante, 2007, p. 150.

[25] Disponível em http://economia.ig.com.br/carreiras/2014-06-21/saiba-como-lidar-com-o-fofoqueiro-do-seu-trabalho.html Acesso em 21 de setembro de 2014.

[26] LILEY, Roy. Como lidar com pessoas difíceis. São Paulo: Clio Editora, 2006, p. 111.

[27] Disponível em http://veja.abril.com.br/080807/p_104.shtml. Acesso em 5 de setembro de 2014.

[28] DiFONZO, Nicholas. O poder dos boatos: como os rumores se espalham, ditam comportamentos, podem ser administrados e por que acreditamos neles. Rio de Janeiro: Elsevier, 2009, p. 73-75.

[29] Disponível em http://www.methodus.com.br/artigo/610/a-fofoca-do-bem.html. Acesso em 4 de setembro de 2014.

[30] BESSONE, Hugo. As mais sábias parábolas - volume 1. Belo Horizonte: Solar, 2005, p. 148-149.

[31] URBAN, Hal. Palavras positivas, mudanças significativas. Rio de Janeiro: Sextante, 2007, p. 151.

[32] Disponível em: http://pt.m.wikipedia.org/wiki/Culpa. Acesso em 20 de outubro de 2014.

[33] SARAH, Edelman. Basta pensar diferente: como a ciência pode ajudar você a ver o mundo por novos olhos. São Paulo, SP: Editora Fundamento Ltda., 2014, p. 147.

[34] STONE, Douglas/PATTON, Bruce/HEEN, Sheila. Conversas difíceis. 10ª ed. Rio de Janeiro: Elsevier, 2011, p. 56.

[35] BURNS, David D. Convivendo com pessoas difíceis: aprenda a conduzir relacionamentos conflituosos. São Paulo: Prumo, 2009, p. 79.

[36] STONE, Douglas/PATTON, Bruce/HEEN, Sheila. Conversas difíceis. 10ª ed. Rio de Janeiro: Elsevier, 2011, pp. 56-57.

[37] DYER, Wayne W. Seus pontos fracos. Rio de Janeiro: BestSeller, 2013, p. 181.

[38] BINSTOCK, Louis. Como vencer as dez causas mais comuns do fracasso. In MANDINO, Og. A universidade do sucesso. 14ª ed. Rio de Janeiro: Record, 2007, p. 56.

[39] WHITMORE, John. Coaching para performance - Aprimorando pessoas, desempenhos e resultados: competências pessoais para profissionais. Rio de Janeiro: Qualitymark, 2006, p. 27.

[40] BINSTOCK, Louis. Como vencer as dez causas mais comuns do fracasso. In MANDINO, Og. A universidade do sucesso. 14ª ed. Rio de Janeiro: Record, 2007, p. 57.

[41] DYER, Wayne W. Seus pontos fracos. Rio de Janeiro: BestSeller, 2013, p. 117.

[42] STONE, Douglas/PATTON, Bruce/HEEN, Sheila. Conversas difíceis. 10ª ed. Rio de Janeiro: Elsevier, 2011, p. 57

[43] RISO, Walter. A arte de ser flexível. Livro digital, p. 77-78.

[44] EDELMAN, Sarah. Basta pensar diferente: como a ciência pode ajudar você a ver o mundo por novos olhos. São Paulo, SP: Editora Fundamento Ltda., 2014, p. 50.

[45] ELLIS, Albert. Como conquistar sua própria felicidade. São Paulo: BestSeller, 2004, p. 95.

[46] Disponível em http://revistagalileu.globo.com/Revista/Galileu/0,,EDR87205-7855,00.html. Acesso em 15 de janeiro de 2015.

[47] MALTZ, Maxwell. Liberte sua personalidade. São Paulo: Summus, 1981, p. 132.

[48] ELLIS, Albert. Como conquistar sua própria felicidade. São Paulo: BestSeller, 2004, p. 236.

[49] DYER, Wayne W. Seus pontos fracos. Rio de Janeiro: BestSeller, 2013, p. 100.

[50] SHENK, David. O gênio em todos nós: por que tudo que você ouviu falar sobre genética, talento e QI está errado. Rio de Janeiro: Zahar, 2011, p. 97.

[51] MALTZ, Maxwell. Liberte sua personalidade. São Paulo: Summus, 1981, p. 132.

[52] BOWEN, Pare de reclamar e concentre-se nas coisas boas. Rio de Janeiro: Sextante, 2009, p. 94.

[53] CARNEGIE, Dale. Como fazer amigos e influenciar pessoas. 52ª ed. São Paulo: Companhia Editora Nacional, 2012, p. 41.

[54] CARNEGIE, Dale. Como fazer amigos e influenciar pessoas. 52ª ed. São Paulo: Companhia Editora Nacional, 2012, p. 41.

[55] ALBUQUERQUE, Jamil. A arte de lidar com pessoas. São Paulo: Editora Planeta do Brasil, 2007, p. 45.

[56] ALBUQUERQUE, Jamil. A arte de lidar com pessoas. São Paulo: Editora Planeta do Brasil, 2007, p. 45.

[57] GOULSTON, Mark. Pare de se sabotar no trabalho. Rio de Janeiro: BestSeller, 2008, p. 33.

[58] LAZARUS, Arnold A./LAZARUS, Clifford N. De bem com a vida: dicas práticas para se livrar do estresse e da ansiedade e adotar uma maneira de pensar mais positiva. Rio de Janeiro: Sextante, 2009, pp. 107-108.

[59] Carl W. Buechner citado por GOULSTON, Mark. Pare de se sabotar no trabalho. Rio de Janeiro: BestSeller, 2008, p. 171.

[60] BESSONE, Hugo. As mais sábias parábolas - volume 1. Belo Horizonte: Solar, 2005, p. 82.

[61] GIBLIN, Les. Como ter segurança e poder nas relações com as pessoas. São Paulo: Editora Matese, 1989, p. 103.

⁶² CARNEGIE, Dale. Como fazer amigos e influenciar pessoas. 52ª ed. São Paulo: Companhia Editora Nacional, 2012, p. 60.

⁶³ BESSONE, Hugo. As mais sábias parábolas - volume 2. Belo Horizonte: Solar, 2005, p. 92.

⁶⁴ CARNEGIE, Dale. Como ter relacionamentos lucrativos e influenciar pessoas. Rio de Janeiro: BestSeller, 2013, p. 59.

⁶⁵ FLIPPEN, Flip. Pare de se sabotar e dê a volta por cima. Rio de Janeiro: Sextante, 2010.

⁶⁶ GIBLIN, Les. Como ter segurança e poder nas relações com as pessoas. São Paulo: Editora Matese, 1989, p. 106.

⁶⁷ GIBLIN, Les. Como ter segurança e poder nas relações com as pessoas. São Paulo: Editora Matese, 1989, p. 110.

⁶⁸ ELLIS, Albert. Como conquistar sua própria felicidade. São Paulo: BestSeller, 2004, p. 105.

⁶⁹ SANTANDREU, Rafael. Pare de fazer drama e aproveite a vida. Rio de Janeiro: Sextante, 2014, p. 40.

⁷⁰ Segundo Sarah Edelman, o termo foi cunhado pela psicóloga americana Keren Horney, em 1939. (EDELMAN, Sarah. Basta pensar diferente: como a ciência pode ajudar você a ver o mundo por novos olhos. São Paulo, SP: Editora Fundamento Ltda., 2014, p. 34).

⁷¹ Arnold A. Lazarus também afirmou que Karen Horney foi quem escreveu sobre a ditadura do dever pela primeira vez e, posteriormente, Albert Ellis. (LAZARUS, Arnold A./LAZARUS, Clifford N. De bem com a vida: dicas práticas para se livrar do estresse e da ansiedade e adotar uma maneira de pensar mais positiva. Rio de Janeiro: Sextante, 2009, pp. 44-45.

⁷² EDELMAN, Sarah. Basta pensar diferente: como a ciência pode ajudar você a ver o mundo por novos olhos. São Paulo, SP: Editora Fundamento Ltda., 2014, p. 34.

⁷³ RISO, Walter. Pensar bem, sentir-se bem. São Paulo: Planeta, 2013, p. 84.

⁷⁴ EDELMAN, Sarah. Basta pensar diferente: como a ciência pode ajudar você a ver o mundo por novos olhos. São Paulo, SP: Editora Fundamento Ltda., 2014, p. 33.

⁷⁵ LAGES, Andrea/O'CONNOR, Joseph. Coaching com PNL: o guia prático para alcançar o melhor em você e em outros: como ser um coach master. Rio de Janeiro: Qualitymark Editora, 2013, pp. 103-104.

⁷⁶ FREEMAN, Arthur/DeWOLF, Rose. As 10 bobagens mais comuns que as pessoas inteligentes cometem e técnicas eficazes para evitá-las. Rio de Janeiro: Guarda-Chuva, 2006, pp. 217-218.

⁷⁷ LAGES, Andrea/O'CONNOR, Joseph. Coaching com PNL: o guia prático para alcançar o melhor em você e em outros: como ser um coach master. Rio de Janeiro: Qualitymark Editora, 2013, pp. 104-105.

⁷⁸ LOEHR, Jim/SCHWARTZ, Tony. Envolvimento total: gerenciando a energia e não o tempo. Rio de Janeiro: Campus, 2003, p. 220.

⁷⁹ Ibid, p. 221.

⁸⁰ BAUMEISTER, Roy F./TIERNEY, John. Força de vontade: a redescoberta do poder humano. São Paulo: Lafonte, 2012, pp. 46-47.

⁸¹ LOEHR, Jim/SCHWARTZ, Tony. Envolvimento total: gerenciando a energia e não o tempo. Rio de Janeiro: Campus, 2003, p. 220.

⁸² Ibid, p. 218.

⁸³ SCHWARTZ, Tony/GOMES, Jean/McCarty, Catherine. Não trabalhe muito: trabalhe certo! Corpo, mente, emoção e espírito: como equilibrar as 4 forças que aumentam a performance pessoal e profissional. Rio de Janeiro: Elsevier, 2011, p. 40.

⁸⁴ COYLE, Daniel. O segredo do talento. Rio de Janeiro: Sextante, 2014, p. 57.

⁸⁵ PANTALON, Michael V. Influencie! Como convencer qualquer pessoa acerca de suas ideias (em apenas 7 minutos). São Paulo: Lua de Papel, 2012, pp. 14-15.

⁸⁶ GOLDSMITH, Marshall. Coaching: o exercício da liderança. Rio de Janeiro: Elsevier, 2012, pp. 179-182.

⁸⁷ Você pode acessar o site https://www.futureme.org/ e enviar uma mensagem para você receber em data futura. Você determinará a data futura que receberá o e-mail.